广东省地方标准

公路路堤软基处理技术标准

Technical code for improvement of ground with soft clay of highway embankment

DB44/T 2418—2023

主编单位：广东省公路建设有限公司
发布单位：广东省市场监督管理局
实施日期：2023 年 06 月 28 日

人民交通出版社股份有限公司

北 京

图书在版编目(CIP)数据

公路路堤软基处理技术标准 ：DB44/T 2418—2023 / 广东省公路建设有限公司主编. — 北京 ：人民交通出版社股份有限公司，2023.9

ISBN 978-7-114-18955-5

Ⅰ.①公… Ⅱ.①广… Ⅲ.①公路—路堤—软土地基—工程施工—技术标准—广东 Ⅳ.①U416.1-65

中国国家版本馆 CIP 数据核字(2023)第 163311 号

Gonglu Ludi Ruanji Chuli Jishu Biaozhun

书　　名：公路路堤软基处理技术标准
主编单位：广东省公路建设有限公司
责任编辑：郭晓旭
责任校对：赵媛媛
责任印制：张　凯
出版发行：人民交通出版社股份有限公司
地　　址：(100011)北京市朝阳区安定门外外馆斜街 3 号
网　　址：http://www.ccpcl.com.cn
销售电话：(010)59757973
总 经 销：人民交通出版社股份有限公司发行部
经　　销：各地新华书店
印　　刷：北京交通印务有限公司
开　　本：880×1230　1/16
印　　张：7.5
字　　数：215 千
版　　次：2023 年 9 月　第 1 版
印　　次：2023 年 9 月　第 1 次印刷
书　　号：ISBN 978-7-114-18955-5
定　　价：68.00 元

目　　次

前言 …… Ⅲ
引言 …… Ⅴ
1　范围 …… 1
2　规范性引用文件 …… 1
3　术语和定义 …… 1
4　基本规定 …… 3
4.1　一般规定 …… 3
4.2　稳定分析 …… 3
4.3　容许工后沉降、容许沉降与容许工后差异沉降率 …… 4
4.4　方案比选 …… 4
4.5　施工要求 …… 5
4.6　检测要求 …… 5
5　软土地基勘察 …… 5
5.1　一般规定 …… 5
5.2　平原、三角洲软土地基勘察 …… 6
5.3　丘陵区、山区软土地基勘察 …… 9
5.4　特殊路段软土地基勘察和调查 …… 9
6　软基处理方法 …… 11
6.1　一般规定 …… 11
6.2　排水固结法 …… 12
6.3　换填法 …… 24
6.4　柔性桩复合地基法 …… 25
6.5　就地固化法 …… 30
6.6　刚性桩法 …… 31
6.7　泡沫轻质土路堤法 …… 41
7　特殊路段软基处理 …… 44
7.1　一般规定 …… 44
7.2　改扩建路段 …… 44
7.3　桥头路段 …… 46
7.4　涵洞路段 …… 47
7.5　挡土墙路段 …… 48
7.6　收费岛路段 …… 50
7.7　服务区 …… 50
7.8　低路堤路段 …… 51
7.9　浸水路段 …… 51
7.10　山边倾斜软基路段 …… 52
7.11　既有建(构)筑物附近路段 …… 52
7.12　滑塌路段 …… 53
7.13　工后沉降偏大路段 …… 54

7.14 开裂路段 …… 55
7.15 泥炭土地基路段 …… 56
8 软基路堤监控 …… 56
8.1 一般规定 …… 56
8.2 施工期监控 …… 56
8.3 工后监控 …… 60
附录 A(规范性) 路堤刚性桩弯矩计算简易方法 …… 62
A.1 刚性桩受力和位移假设 …… 62
A.2 桩身最大荷载集度与软土层底面弯矩 …… 62
A.3 桩顶力和软土层底面剪力 …… 64
A.4 桩身弯矩 …… 64
本文件用词说明 …… 66
参考文献 …… 67
附件 《公路路堤软基处理技术标准》条文说明 …… 69

前　　言

本文件按照GB/T 1.1—2020《标准化工作导则　第1部分:标准化文件的结构和起草规则》的规定起草。

请注意本文件的某些内容可能涉及专利。本文件的发布机构不承担识别专利的责任。

本文件由广东省交通运输厅提出并组织实施。

本文件由广东省交通运输标准化技术委员会归口。

本文件起草单位:广东省公路建设有限公司、中国铁建港航局集团有限公司、广东省交通规划设计研究院集团股份有限公司。

本文件主要起草人:吴玉刚、刘吉福、刘事莲、尹敬泽、黄腾、刘增贤、刘慧敏、谭祥韶、徐小庆、薛威、王强、王啟铜、罗旭东、郭灿。

引　　言

广东省沿海地区，特别是珠江三角洲广泛分布深厚软土地基，软土具有含水率高、强度低、渗透性差等工程特点，软土地区公路建设面临的主要问题是沉降和稳定问题。相对其他地区，广东沿海地区欠固结软土广泛分布，水网、路网、水塘密布，公路结构物多、路堤高度大；雨季长，路基有效施工时间短。这些因素导致广东省软基路堤面临的沉降和稳定问题更为突出。自 20 世纪 90 年代以来，随着高速公路的大规模建设，针对上述难题，广东实施了 20 余项公路软基试验工程，完成了 30 余项科研课题，形成了一批具有广东特色的公路软基处理经验、技术和成果，本文件对其充分采纳或借鉴。

公路路堤软基处理技术标准

1 范围

本文件规定了公路路堤软基处理勘察、设计、施工、检测、监控等相关内容。

本文件适用于公路新建、改扩建路堤软基处理和既有软基病害处治。

2 规范性引用文件

下列文件中的内容通过文中的规范性引用而构成本文件必不可少的条款。其中，注日期的引用文件，仅该日期对应的版本适用于本文件；不注日期的引用文件，其最新版本（包括所有的修改单）适用于本文件。

GB/T 1040 塑料拉伸性能的测定

GB/T 6672 塑料薄膜和薄片 厚度测定 机械测量法

GB 50010 混凝土结构设计规范

GB 50497 建筑基坑工程监测技术标准

GB 50661 钢结构焊接规范

GB/T 50783 复合地基技术规范

GB/T 51275 软土地基路基监控标准

CJJ 177 气泡混合轻质土填筑工程技术规程

JGJ 8 建筑变形测量规范

JGJ 79 建筑地基处理技术规范

JGJ 120 建筑基坑支护技术规程

JTG 3362 公路钢筋混凝土及预应力混凝土桥涵设计规范

JTG 3363 公路桥涵地基与基础设计规范

JTG C20 公路工程地质勘察规范

JTG D30 公路路基设计规范

JTG/T D31-02 公路软土地基路堤设计与施工技术细则

JTG E50 公路工程土工合成材料试验规程

QB/T 1130 塑料直角撕裂性能试验方法

TB 10106 铁路工程地基处理技术规程

3 术语和定义

GB/T 50783、GB/T 51275、JTG D30、JTG/T D31-02 界定的以及下列术语和定义适用于本文件。

3.1

工后沉降 post-construction settlement

从公路交工验收至路面设计使用年限末路基产生的沉降。

［来源：JTG/T D31-02—2013，2.1.10，有修改］

3.2

路基极限填土高度　ultimate filling height of subgrade

天然地基上快速填筑的路基最大高度。

[来源：GB/T 51275—2017，2.1.1，有修改]

3.3

蘑菇路　mushroom highway

复合地基桩土不均匀沉降导致路面凹凸不平的道路。

3.4

工作垫层　working platform

用作软基处理施工工作面的垫层。

3.5

排水垫层　drainage blanket

用作水平排水通道的垫层。

3.6

渗沟　drainage ditch

在地基中设置的用作软土地基排水通道的带状结构。

3.7

等载预压　equal preloading

预压荷载等于路堤荷载、路面荷载、沉降土方荷载之和的预压。

3.8

水载预压　water preloading

利用水作为荷载的预压方法，包括水池法和水袋法等。

3.9

就地固化　in-situ solidification

利用固化剂对软弱土等土体就地进行固化，从而达到软基处理要求。

3.10

柔性桩　flexible pile

由水泥土、石灰土等固化剂与土混合形成的低黏结强度材料桩，其单桩竖向承载力受桩身抗压强度控制，主要有搅拌桩、旋喷桩等。

[来源：TB 10106—2010，2.1.5，有修改]

3.11

刚性桩　rigid pile

由混凝土、砂浆、水泥浆等形成的高黏结强度材料桩，其单桩竖向承载力不受桩身抗压强度控制，主要有水泥粉煤灰碎石桩(CFG桩)、素混凝土桩、预制桩等。

[来源：TB 10106—2010，2.1.6，有修改]

3.12

桩帽覆盖率　degree of pile cap coverage

复合地基中桩帽面积与单桩分担面积的比值。

3.13

桩土应力比　pile-soil stress ratio

复合地基中桩(帽)竖向应力与桩间土应力之比。

[来源：GB/T 50783—2012，2.1.20，有修改]

3.14

桩筏结构　pile-raft structure

由地基、刚性桩、垫层、筏板组成的结构。

［来源：TB 10106—2010，2.1.28，有修改］

3.15

褥垫层　drainage blanket

用于调整桩土应力比的垫层。

3.16

微型桩　micropile

直径不大于300mm的刚性桩。

［来源：JGJ 79—2012，2.1.20，有修改］

3.17

沉降中性面　neural plane for settlement

用于刚性桩复合地基路堤沉降计算的中性面，按照中性面处桩间附加应力为零或者桩顶荷载与中性面以上负摩擦力之和等于中性面以下桩段极限承载力的原则确定。

3.18

稳定中性面　neural plane for stability

用于刚性桩复合地基路堤稳定分析的中性面，按照桩顶荷载与中性面以上负摩擦力之和等于中性面以下桩段极限承载力的原则确定。

3.19

桩承堤　piled embankment

通过筏板、桩帽和加筋材料等将筏板或加筋材料以上荷载全部转移到桩顶并由刚性桩承担的路堤。

4　基本规定

4.1　一般规定

4.1.1　公路路堤软基勘察应采用适用于软基的综合勘察方法，取得满足设计需要的工程地质、水位地质、环境条件等资料。

4.1.2　公路路堤软基处理方案应根据路堤情况、地形地貌、地质条件、公路等级、建设工期、周边环境等因素，结合施工技术水平、工程实践经验等因素，综合分析确定。

4.1.3　公路路堤软基处理应遵循技术可行、经济合理、因地制宜、保护环境、节约资源的原则。

4.1.4　公路路堤软基处理应满足路堤对稳定性、工后沉降、工后差异沉降等方面的要求。

4.1.5　公路路堤软基处理施工应加强过程控制、质量检测和路堤监控。

4.1.6　公路路堤软基处理应坚持动态设计和信息化施工。动态设计应以施工设计图为基础，以补充勘察、试桩结果、试验段成果、施工监控、工程费用等为变更依据。

4.1.7　周边环境复杂、软基深厚、路堤高度大的公路路堤软基处理宜进行专项全过程咨询。

4.1.8　公路路堤软基处理应积极稳妥地采用经试验验证的新技术、新材料、新工艺和新设备。

4.1.9　公路路堤软基处理应符合国家和行业在安全生产、环境保护等方面的有关规定。

4.2　稳定分析

4.2.1　软基路堤应分析各种可能的滑动破坏模式对应的稳定安全系数，路堤稳定分析方法应与路堤滑动破坏模式相适应。

4.2.2　路堤稳定容许安全系数应与路堤破坏模式、稳定分析方法、抗剪强度指标相对应。

4.2.3 稳定分析时应考虑行车荷载,行车荷载宜简化为路面范围内的 20 kPa 均布荷载。

4.3 容许工后沉降、容许沉降与容许工后差异沉降率

4.3.1 新建高速公路、一级公路的涵洞和箱式通道的总沉降不应大于 300 mm,二级干线公路的涵洞和箱式通道的总沉降不应大于 400 mm。新建公路路基容许工后沉降应符合表 1 的要求。结构物附近容许工后差异沉降率不宜大于 0.5%~1%,高速公路、一级公路宜取小值。

表 1 新建公路路基容许工后沉降

单位为毫米

指标名称	桥台与路基相邻处	涵洞和箱式通道处	一般路段
高速公路、一级公路	≤100	≤200	≤300
二级干线公路	≤200	≤300	≤500
注 1:二级非干线公路及二级以下公路工后沉降控制标准,经论证后可在二级干线公路基础上适当放宽。 **注 2:**桥式通道按桥头考虑。			

4.3.2 既有公路拼宽路基容许工后沉降应符合表 2 的要求,且既有路基容许横坡变化不宜大于 0.5%~1%。应根据路面情况、运营养护模式、交通荷载等因素合理选择拼宽路基容许工后沉降、既有路基横坡变化,高速公路、一级公路取小值。

表 2 既有公路拼宽路基容许工后沉降

单位为毫米

指标名称	桥台与路基相邻处	涵洞、通道处	一般路段
高速公路、一级公路	≤50	≤100	≤150
二级干线公路	≤100	≤200	≤300
注:既有路基沉降未完成的公路、二级非干线公路及二级以下公路,经论证后工后沉降控制标准可适当放宽。			

4.3.3 收费广场容许工后沉降不宜大于表 1 中对应桥台与路基相邻处的容许工后沉降。

4.3.4 桥头路段路肩挡土墙施工后,墙后路基的沉降宜符合表 1 关于桥台与路基相邻处的容许工后沉降的规定;一般路段路肩挡土墙施工后,墙后路基的沉降宜符合表 1 关于涵洞和箱式通道处的容许工后沉降的规定。

4.3.5 泡沫轻质土路堤沉降不宜大于 100 mm。

4.4 方案比选

4.4.1 软基处理方案比选

4.4.1.1 软基处理方案比选前宜调查以下信息:

a) 公路附近建(构)筑物的容许沉降、沉降差、位移;

b) 公路附近既有软土地基路堤的设计、施工、监测、维修养护等资料。

4.4.1.2 对路堤底面范围内主要为水塘的路段,方案比选时应考虑水塘对地层空间分布和地基处理方案的影响。

4.4.1.3 软基处理方案选择宜综合考虑安全、工期、造价、环境影响、结构物设置情况、运营养护等因素,根据公路的功能和等级,兼顾路堤、路面、结构物与软基处理之间的影响,对天然地基、排水固结、就地固化、换填、复合地基、桥梁等方案进行比选,选择因地制宜、经济合理的方案。

4.4.1.4　以下路堤宜与桥梁方案比选：

a）软土层底面深度大于 30 m 且排水固结法不适用的路堤；

b）软土层厚度超过 20 m 且路堤高度大于 7 m 的路堤；

c）用地紧张的非低路堤；

d）相邻桥梁之间软土层底面深度大于 20 m 且长度小于 150 m 的非低路堤。

4.4.2　软基处理方法选择

4.4.2.1　天然地基路堤稳定性、工后沉降、工后差异沉降率均符合要求的路段可不进行软基处理，路床不满足要求时宜对路床部分采取换填、就地固化等方法进行处治。

4.4.2.2　排水固结路堤稳定性、工后沉降均满足要求，且周边环境允许的软基路堤宜采用排水固结法进行软基处理。

4.4.2.3　新近填土或工作垫层较厚的软基路段、软土欠固结程度较大的路段宜采用排水固结，采用胶结桩复合地基时宜与排水固结联合应用。

4.4.2.4　既有建(构)筑物附近的软基路基，采用排水固结地基，以及管桩、沉管灌注桩、旋喷桩等挤土型桩复合地基时，宜评估对既有建(构)筑物的影响。

4.4.2.5　软基处理新方法宜通过试验工程进行验证。

4.5　施工要求

4.5.1　应重视施工调查，对与勘察设计资料明显不符的信息及时上报。

4.5.2　地基处理所用材料应符合设计要求。

4.5.3　应合理安排施工顺序，避免路堤滑塌，减少路基工后沉降，减少对桥梁、既有建(构)筑物等的影响。

4.5.4　软基处理、路基碾压施工机械宜安装施工参数自动记录仪并实时上传监测数据。

4.5.5　软基处理宜整幅施工，不宜半幅施工、半幅作为施工便道。

4.5.6　当出现异常情况时，应及时会同有关部门妥善解决。

4.6　检测要求

4.6.1　软基处理施工结束后应按有关规范进行质量检测。

4.6.2　软基处理应选择以下对路堤沉降、路堤稳定性影响显著的检测项目：

a）软基处理平面范围或数量、处理深度；

b）换填法的换填材料和压实度；

c）柔性桩法的桩身完整性、桩身强度；

d）就地固化法固化土强度；

e）刚性桩法的单桩承载力。

4.6.3　软基处理检测点应现场随机选定，现场检测过程中宜全程视频记录。

5　软土地基勘察

5.1　一般规定

5.1.1　软土应根据地形地貌、土样颜色及表 3 等进行综合鉴别。天然含水率、天然孔隙比同时符合表 3的规定，且静力触探锥尖阻力、十字板抗剪强度、压缩系数至少一项符合表 3 的规定的黏性土宜定名为软土，其中有机质含量介于 10%～60%的软土为泥炭质土，有机质含量大于 60%的软土为泥炭。

表 3 软土鉴别指标

土的名称	天然含水率 %	天然孔隙比	静力触探锥尖阻力 kPa	十字板抗剪强度 kPa	压缩系数 MPa^{-1}
黏性土	≥液限	≥1.0	≤750	≤35	>0.5

5.1.2 公路路堤软土地基勘察应查明或收集以下资料：

a） 公路沿线及其附近气象、地震、地形地貌、地物、古河道等；

b） 地基的地层结构、种类、成因类型、沉积时代；

c） 地基各土层的物理、力学、化学性质指标；

d） 地下水类型、埋深、pH 值、水位变化、流动性等；

e） 临水路基附近的水文情况；

f） 路堤填料的种类、击实土的重度和抗剪强度指标等。

5.1.3 公路路堤软土地基勘察应以钻探、室内试验、静力触探、十字板剪切试验等为主要勘察手段。

5.1.4 工程地质调绘时，应测量路基及其两侧各 30 m 范围内的水塘深度、路基两侧 50 m 范围内的河道水下地形等。

5.2 平原、三角洲软土地基勘察

5.2.1 初步勘察孔布置

5.2.1.1 二级及二级以上公路勘察孔纵向间距宜为 200 m～300 m，地层变化显著的路段应取小值。二级以下公路勘察孔纵向间距宜为 300 m。

5.2.1.2 路堤高度大于路基极限填土高度的路段宜设置勘察横断面，勘察横断面间距宜为 200 m～300 m，沿路基横向软土底面坡度较大的路段间距宜取小值。

5.2.1.3 控制性钻孔数量不宜少于钻孔总数的 1/3，且每一地貌单元或地质单元、重要工点均宜有控制性钻孔。

5.2.2 包含初步勘察孔的详细勘察孔布置

5.2.2.1 二级及二级以上公路勘察孔纵向间距宜为 100 m～200 m，二级以下公路勘察孔纵向间距宜为 200 m～300 m，地层变化显著的路段宜取小值。路堤高度大于路基极限填土高度的路段勘察孔纵向间距不宜大于 50 m。

5.2.2.2 路堤高度大于路基极限填土高度的路段应设置勘察横断面，勘察横断面间距宜为 50 m～100 m，沿路基横向软土底面坡度较大的路段间距宜取小值。

5.2.2.3 每个桥台、涵洞、通道、挡土墙的勘察孔不宜少于 1 个，且挡土墙每 50 m 不宜少于 1 个。

5.2.2.4 勘察横断面间距宜为勘察孔纵向间距的 2～4 倍。软土厚度或深度变化大时，勘察横断面间距不宜超过 100 m。

5.2.2.5 控制性钻孔数量不宜少于钻孔总数的 1/3，且每个路段不宜少于 1 个。

5.2.2.6 桥头、通道、涵洞、挡土墙、路堤高度大于 5 m 的软基路段宜布设控制性钻孔。

5.2.3 原位测试要求与利用

5.2.3.1 路堤高度大于路基极限填土高度的路段，软基处理施工前静力触探孔、十字板试验孔占勘察孔的比例不宜小于 50%，且每个路段不宜少于 1 孔。

5.2.3.2 必要时应采用孔压静力触探。

5.2.3.3 可利用静力触探、十字板试验等原位测试成果按照下列公式估算土工参数：

$$C_u=40p_s \quad (1)$$

$$C_u=60q_c \quad (2)$$

$$C_u=(8\sim10)N \quad (3)$$

$$E_s=0.1C_u \quad (4)$$

$$E=0.35C_u \quad (5)$$

式中：

C_u——不排水抗剪强度，单位为千帕（kPa）；

p_s——比贯入阻力，单位为兆帕（MPa）；

q_c——锥间阻力，单位为兆帕（MPa）；

N——标准贯入击数；

E_s——压缩模量，单位为兆帕（MPa）；

E——不排水变形模量，单位为兆帕（MPa）。

5.2.4 勘察孔深度

5.2.4.1 控制性钻孔应满足以下要求之一：

a) 进入全风化或强风化岩层；

b) 深度大于 60 m。

5.2.4.2 其他钻孔应满足以下要求之一：

a) 穿透过软土层后进入硬土层不少于 5 m；

b) 进入全风化或强风化岩层；

c) 深度大于 40 m。

5.2.4.3 静力触探孔、十字板试验孔应满足以下要求之一：

a) 穿透过软土层；

b) 深度大于 40 m。

5.2.5 用于土工试验的软土取样

5.2.5.1 地面以下 20 m 内取样间距不应大于 2 m，20 m 以下取样间距不应大于 3 m。

5.2.5.2 软土应使用薄壁取土器采用压入法取样，极软淤泥应采用固定活塞式取土器，取土器长度应大于 500 mm。

5.2.5.3 土样应密封后置于防振的样品箱内，不应平放和倒置，原状土样存放时间不应超过 3 d。

5.2.6 土工试验

5.2.6.1 初步设计阶段软土宜测试表 4 中所有指标，施工图阶段宜根据采用的软基处理方法按表 4 规定确定软土测试指标。

表 4 软土测试指标

序号	指标	部分换填	排水固结	柔性桩或就地固化	刚性桩
1	天然含水率	√	√	√	√
2	天然重度	√	√	√	√
3	颗粒比重	√	√	√	√
4	天然孔隙比	√	√	√	√
5	塑限	√	√	√	√

表 4 软土测试指标(续)

序号	指标	部分换填	排水固结	柔性桩或就地固化	刚性桩
6	液限	√	√	√	√
7	塑性指数	×	×	√	×
8	液性指数	√	√	√	√
9	*e*-*p* 曲线	√	√	√	√
10	压缩模量	√	√	√	√
11	压缩指数	√	√	√	√
12	回弹指数	×	√	□	×
13	前期固结压力或超固结比(OCR)	×	√	√	√
14	竖向固结系数	√	√	√	√
15	水平固结系数	×	√	×	×
16	次固结系数	√	√	□	□
17	直接快剪黏聚力	√	□	√	√
18	直接快剪内摩擦角	√	□	√	√
19	固结快剪或固结不排水剪黏聚力	×	√	□	□
20	固结快剪或固结不排水剪内摩擦角	×	√	□	□
21	有效黏聚力	×	√	□	□
22	有效内摩擦角	×	√	□	□
23	剪切破坏时的孔压系数	×	√	□	□
24	十字板强度或静力触探锥尖阻力	√	√	√	√
25	水对混凝土的腐蚀性	×	×	√	√
26	有机质含量	×	×	√	×

注 1:√表示应测试项目,□表示宜测项目,×表示不测项目。
注 2:静力触探、十字板试验数量较多时,可减少直接快剪试验数量。
注 3:真空联合堆载预压宜测试超固结土的抗剪强度,获取强度增长参数。

5.2.6.2 软土前期固结压力试验加载等级宜为 6.25 kPa、12.5 kPa、25 kPa、50 kPa、100 kPa、200 kPa、400 kPa,且应能确定前期固结压力。

5.2.6.3 对桥头、通道、涵洞、挡土墙、既有路基拓宽路段,可塑、软塑的黏土、粉质黏土宜测试压缩指标、固结系数,路堤高度大于 8 m 的路段尚宜测试抗剪强度指标。

5.2.6.4 直接快剪试验宜在前期固结应力下固结后再进行直接快剪试验。

5.2.6.5 软土固结快剪试验的最小固结压力宜大于软土前期固结应力,固结时间不宜小于 24 h。固结快剪内摩擦角平均值小于 12°时宜采用三轴压缩试验测试有效内摩擦角和剪切破坏时的孔隙水压力系数,有效内摩擦角小于 20°时宜委托其他单位进行平行试验。

5.2.6.6 土工试验结果应按工程地质单元、路段及层位分别进行统计,样本数量应满足统计数量的要求。

5.2.6.7 勘察报告宜包括以下资料：

a) 压缩试验的相关曲线；

b) 抗剪强度试验的相关曲线；

c) 无侧限抗压试验和三轴试验试验后的土样照片；

d) 土工试验成果表；

e) 前期固结压力、压缩指数、固结系数等参数的推荐值。

5.2.7 勘察完成时间

设计阶段未完成的勘察工作应在软基处理施工前完成。

5.3 丘陵区、山区软土地基勘察

5.3.1 初步勘察孔布置

5.3.1.1 当谷地或地质单元不长于 200 m 时，沿路线方向勘察孔不应少于 1 个、勘察横断面不应少于 1 个。

5.3.1.2 当谷地或地质单元超过 200 m 时，沿路线方向勘察孔间距不应大于 200 m，勘察横断面不应少于 1 个。

5.3.1.3 控制性钻孔数量不宜少于钻孔总数的 1/3，且每一地貌单元或地质单元、重要工点均应有控制性钻孔。

5.3.2 包括初步勘察孔的详细勘察孔间距

5.3.2.1 当谷地或地质单元不长于 200 m 时，沿路线方向勘察孔不应少于 2 个、勘察横断面不应少于 1 个。

5.3.2.2 当谷地或地质单元长于 200 m 时，沿路线方向勘察孔间距不应大于 100 m，勘察横断面不应少于 2 个。

5.3.2.3 当沿路线横向地质变化大时，勘察横断面应在线路外布置 1～2 个勘察孔。

5.3.3 勘察孔深度

勘察孔宜进入全风化或强风化层岩层不少于 1 m。

5.3.4 软土土工试验

丘陵区、山区软土土工试验应符合 5.2.6 的规定。

5.3.5 勘察报告

施工图设计阶段，每个谷地、每个地质单元应单独提供平面图、地质剖面图和物理力学参数统计值。

5.3.6 施工勘察

软基处理施工前应利用挖探等手段查明软土空间分布，挖探间距不宜超过 20 m。需查明软土强度时，宜采用静力触探、十字板试验等手段进行测试。

5.4 特殊路段软土地基勘察和调查

5.4.1 改扩建工程调查、勘察与评价

5.4.1.1 应调查既有公路等级、技术标准、路堤和路面现状、改造计划、附近建(构)筑物等资料。

5.4.1.2 应收集既有公路勘察设计、竣工、养护、监测等资料，宜进行沉降监测并推算剩余沉降。

5.4.1.3 应在既有路堤路肩、坡脚处布置勘察孔。

5.4.1.4 拓宽部分应按照新建路堤要求进行勘察。拓宽路堤勘探孔宜与原有勘探孔布设在同一横断面上。

5.4.2 桥头路堤、涵背路堤勘察

桥头、涵洞过渡段采用变桩长过渡时，桥台、过渡段末端均应布置勘探孔。

5.4.3 既有建(构)筑物附近路段资料收集和勘测

5.4.3.1 软基路堤附近房屋应查清与路基的距离、房屋结构类型与基础类型等。

5.4.3.2 软基路堤附近桥梁应查明与路基的距离、桥下净空与基础类型等。

5.4.3.3 软基路堤附近地上管线应查清与路基的距离、管线种类、规格型号、塔架基础类型、净空、安全施工距离要求等。

5.4.3.4 软基路堤附近地下管线应查清与路基的距离、管线种类、规格型号、埋深、容许转角或变形等。

5.4.4 滑塌路段资料收集和勘测

5.4.4.1 资料收集内容应包括原始地形地貌、地质资料、路堤设计、施工资料、施工期监测资料、施工日记、监理日记、滑塌前天气和环境变化情况等。

5.4.4.2 现场调查内容应包括以下内容：

a) 滑塌后壁高度、滑塌平面范围；

b) 填料种类、压实情况、分层厚度；

c) 滑塌路段地形地貌及其变化；

d) 近期异常情况等。

5.4.4.3 排水固结路段现场调查应调查水平排水体情况和排水效果。

5.4.4.4 复合地基路段现场调查宜通过在滑塌路段附近路段坡脚处开挖调查以下资料：

a) 柔性桩的间距、桩长、桩身强度等；

b) 刚性桩桩顶以下填土厚度、桩帽尺寸、桩长和单桩承载力桩等。

5.4.4.5 滑塌平面范围调查应进行现状地形测量，编绘平面图、断面图和三维图等。测量范围应包括滑塌段整个路堤、隆起范围及其外侧各 10 m，应测绘出完整的滑动范围平面轮廓。

5.4.4.6 应通过补充勘察核实填料种类、压实度、填料厚度、地基地层情况、路堤土和地基土的原位强度、强度指标、滑动面位置等。

5.4.4.7 滑塌路段宜布置 2～3 个勘察横断面，每个断面宜布置 4～5 个勘察孔，其中滑塌范围内宜布置 2～3 个孔，宜以钻探和静力触探为主；滑塌范围外侧宜布置 1～2 个孔，宜以十字板试验为主。

5.4.4.8 滑塌路段采用排水固结时应查明固结快剪强度指标、固结系数、压缩模量等。

5.4.5 开裂路段资料收集与勘测

5.4.5.1 开裂路段应收集以下资料：

a) 原始地形地貌、地质资料；

b) 路堤、路面设计与施工情况，包括施工顺序、施工运输便道设置等；

c) 裂缝、沉降、侧向位移等监测情况；

d) 裂缝出现前后附近地形地貌、天气、水位等的变化情况；

e) 运营公路交通状况；

f) 工期要求。

5.4.5.2　缺少地质资料、监测资料时应补充勘察、监测。

5.4.6　工后沉降过大路段资料收集与勘测

5.4.6.1　工后沉降过大路段应收集以下资料：

a）原始地形、地质资料；

b）路堤、路面设计与施工资料；

c）沉降、侧向位移、孔压等监测资料；

d）运营公路交通状况；

e）工期要求。

5.4.6.2　缺少地质资料、监测资料时宜补充勘察、监测。

5.4.6.3　无法根据监测资料得到已完成沉降时，可利用钻探等手段确定已完成沉降。

5.4.7　泥炭土地基路段

泥炭土地基路段应收集泥炭土空间分布、密实程度、分解程度、地下水、渗透性、周边环境条件等资料。

6　软基处理方法

6.1　一般规定

6.1.1　软基处理计算分析

6.1.1.1　软基处理计算分析应根据地质情况、路堤高度、软基处理方案等分段进行，分段长度宜为100 m～200 m，路堤高度超过极限高度的路段、桥涵附近的路段不宜超过50 m。相邻桥涵之间分段数量不应小于1段。

6.1.1.2　软基路堤应进行稳定分析、工后沉降计算。

6.1.1.3　桥头路堤应进行纵向稳定分析，桥下存在河涌时应考虑河涌对桥头路堤纵向稳定性的影响，不应考虑桥台桩基的抗滑作用。

6.1.1.4　深厚软基路堤应考虑地基中已有填土对路堤沉降的影响。

6.1.2　软基处理工作面

6.1.2.1　设计应充分考虑深层软基处理施工可行性和便利性，合理确定软基处理工作面高程，保证施工期间工作面的稳定性。

6.1.2.2　水塘填平后再进行地基处理的路段，可采用挤淤方法清除浮泥和流泥。

6.1.3　软基处理设计图纸要求

6.1.3.1　除各种软基处理工法的设计说明、横断面图、细部大样图外，软基处理设计图纸尚应包括软基处理平面图、纵断面图等。

6.1.3.2　深层软基处理宜给出工作垫层厚度和宽度、桩或竖向排水体的顶面高程。

6.1.4　公路软基路堤施工顺序

6.1.4.1　互通范围内，采用排水固结、柔性桩复合地基的路堤，应先进行软基处理和路堤填筑，然后再施工附近桥梁；采用挤土型刚性桩复合地基的路堤应先进行软基处理，再施工附近的桥梁。

6.1.4.2　桥头路堤填筑完毕、水平位移完成后且填土后不少于30 d，方可施工桥台桩基。桩基施工时不应减少路堤土，推算工后沉降小于容许工后沉降时方可施工桥台。

6.1.4.3 存在改沟改河的路段应改沟、改河后，再进行软基处理和路堤填筑。

6.1.4.4 主线复合地基采用挤土型桩且辅道或匝道采用复合地基的路段，应先进行主线软基处理，再进行辅道或匝道软基处理。

6.1.4.5 拱涵、盖板涵、箱涵采用复合地基时，涵洞及其两侧 15 m 范围内路堤应在涵洞底板施工后再填筑。

6.1.4.6 刚性桩复合地基与排水固结联合应用时，应先施工排水板或袋装砂井，然后填筑 0.5 m 路堤土，最后施工刚性桩。

6.1.4.7 浆喷搅拌桩复合地基与排水固结联合应用时，应先施工搅拌桩，再施工排水板或袋装砂井；粉喷搅拌桩复合地基与排水固结联合应用时，应先施工排水板或袋装砂井，再施工搅拌桩。

6.1.4.8 复合地基挤土型刚性桩应由路基中间向两侧施工，由既有建(构)筑物、地下管线向远处施工，由既有沟渠向远处施工，由桥台向远处施工。

6.1.4.9 复合地基宜采用后退式施工，避免施工机械挤压已施工的桩。

6.1.5 软基处理施工调查和反馈要求

6.1.5.1 软基处理施工前应测量上跨路基的电线、桥梁下面的净空，并根据净空和施工安全规定合理选择施工机械。实测净空与设计图纸偏差较大时，应及时上报。

6.1.5.2 软基处理施工前应核实路基范围内的地下管线、建(构)筑物，并按要求采取迁改、保护等措施。

6.1.5.3 软基处理施工前应踏勘查明或测量路基及其两侧 30 m 范围内的地形、地貌、高程、地物等。现场情况与图纸存在明显差别或影响施工时，应及时上报。

6.1.5.4 软基处理施工前应按设计要求进行挖探、试桩或试打等。当试桩不满足设计要求、地质与勘察报告存在明显出入、路基两侧 30 m 范围内存在开挖或堆载作业、周围建(构)筑物出现异常等情况时，应及时上报。

6.2 排水固结法

6.2.1 排水固结法适用性

6.2.1.1 路堤高度超过路基极限填土高度，且建(构)筑物与路堤坡脚的距离与软土厚度的比值小于表 5中影响宽度与软土厚度的比值时，宜评估路堤排水固结对建(构)筑物的影响。排水固结路堤引起附近道路、建(构)筑物的变形超过容许值时应设置隔离措施或调整软基处理方案。

表 5 路堤坡脚外水平位移影响范围

路堤底宽/软土厚度	1	2	4	6	8	10	12
影响宽度/软土厚度	0.7	1.3	1.8	2.4	2.7	3.0	3.3

6.2.1.2 距离加固区 20 m 内存在建(构)筑物时不宜采用真空联合堆载预压。

6.2.1.3 对路堤高度超过路基极限填土高度的路段，排水固结法宜用于建设工期大于 2 年的项目。

6.2.1.4 排水固结法适用路堤高度宜根据路堤稳定分析、工后沉降计算，并结合工程经验确定。

6.2.1.5 排水固结类型宜按表 6 选择，预压荷载类型宜按表 7 选择。

表 6 排水固结适用条件

排水固结类型	适用路段
直接预压法	a) 低路堤； b) 地表有硬土层，且软土层厚度小于 2 m。软土层下面为强排水层时软土厚度可增大至 4 m
垫层预压法	a) 地表无硬土层的低路堤； b) 地表无硬土层，且软土层厚度小于 2 m。软土层下面为强排水层时软土厚度可增大至 4 m
渗沟预压法	a) 低路堤； b) 地表无硬土层，且软土层厚度小于 3 m。软土层下面为强排水层时软土厚度可增大至 5 m； c) 地表有非强透水硬土层，且软土层厚度小于 2 m。软土层下面为强排水层时软土厚度可增大至 4 m
竖向排水体预压法	a) 桥头、涵洞路段软土层底面深度小于 20 m； b) 一般路段软土层底面深度小于 30 m

表 7 预压荷载适用条件

预压荷载类型	适用条件
土载	路堤稳定性满足要求，土源充足
水载	路堤稳定性满足要求，预压荷载不大于 20 kPa，不需用作运输、制梁、架梁等场地的路段，水源较近
真空	道路两侧 20 m 范围没有对沉降、位移敏感的建(构)筑物
降水	软土层上部、地下水位以下的粗粒土层厚度不小于 4 m

6.2.2 排水固结设计内容

6.2.2.1 各种排水固结法设计内容应符合表 8 的规定。

表 8 排水固结设计内容

排水固结类型	工作垫层	水平排水体	竖向排水体	加筋	反压护道	预压荷载	监控
直接预压法	×	×	×	□	□	√	√
垫层预压法	×	√	×	□	□	√	√
渗沟预压法	□	√	×	□	□	√	√
竖向排水体预压法	√	√	√	□	□	√	√
注：√表示需要，□表示可能需要，×表示不需要。							

6.2.2.2 工作垫层设计应包括工作垫层材料、厚度、宽度、技术要求等。

6.2.2.3 水平排水层设计应包括水平排水层材料、构造、厚度及技术要求。

6.2.2.4 竖向排水体设计应包括竖向排水体类型、截面尺寸、排列方式、间距、深度和处理范围。

6.2.2.5 路堤加筋设计应包括加筋材料类型、抗拉强度、延伸率、层数、位置等。

6.2.2.6 反压护道设计应包括级数、宽度、高度、软基处理等。

6.2.2.7 预压荷载设计应包括预压荷载大小、预压材料、卸载标准等。

6.2.3 工作垫层设计

6.2.3.1 地基表层湿软时宜设置工作垫层。

6.2.3.2 工作垫层材料宜利于软基处理施工、路堤填筑。

6.2.3.3 工作垫层厚度不宜小于 0.5 m，与排水垫层厚度之和不宜大于路基极限填土高度的 0.5 倍。

6.2.4 水平排水层设计

6.2.4.1 水平排水层宜采用中粗砂、碎石等材料组成的排水垫层，渗透系数宜大于 0.1 mm/s。位于路床范围的水平排水层宜采用碎石。碎石粒径不宜大于 20 mm。

6.2.4.2 砂垫层厚度宜为 0.4 m～0.5 m，碎石垫层可取 0.2 m～0.3 m。

6.2.4.3 砂垫层顶面边缘 2 m～3 m 宜铺设无纺土工布，碎石垫层顶面宜铺设无纺土工布。

6.2.4.4 砂石紧缺时，可采用复合排水垫、排水管、排水板等作为水平排水层，并宜采取适当的固定措施。

6.2.4.5 水平排水层宽度不宜小于式(6)计算值。

$$W_c = W_b + 2m_e S_e + 2\Delta W + 2 \tag{6}$$

式中：

W_c ——排水垫层设计宽度，单位为米(m)；

W_b ——路堤底宽，单位为米(m)，设置工作垫层时，W_b 应从工作垫层顶面起算；

m_e ——设计边坡值(边坡坡率的倒数)；

S_e ——路堤坡脚沉降，单位为米(m)，设置工作垫层时，S_e 应为工作垫层顶面与路基边坡线交点处的沉降；

ΔW ——保证路堤碾压质量需要的路堤加宽值，单位为米(m)，宜取 0.3 m。

6.2.4.6 真空预压的主管、支管环刚度不宜低于 10 kN/m^2。

6.2.5 竖向排水体设计

6.2.5.1 竖向排水体布置宽度宜与排水垫层相同，渗沟布置宜利用地形地貌使其排水顺畅。

6.2.5.2 竖向排水体可采用排水板或袋装砂井，处理深度超过 15 m 时宜采用排水板。山区软基可采用渗沟。

6.2.5.3 排水板、袋装砂井进入排水垫层的长度不宜小于 0.3 m。

6.2.5.4 排水板宜可测深度，宜利用可拔出的金属丝测量排水板深度。排水板可采用塑料排水板和可降解排水板，塑料排水板宜采用原生材料制作。

6.2.5.5 袋装砂井直径宜为 70 mm。砂井袋渗透系数不宜小于 0.1 mm/s，抗拉强度和缝合强度不宜小于 15 kN/m，有效孔径 O_{95} 宜小于 0.075 mm。袋装砂井应采用中粗砂，中粗砂含泥量不宜大于 3%，渗透系数宜大于 0.1 mm/s。

6.2.5.6 渗沟宽度不宜小于 0.5 m，渗沟进入软土层的深度不宜小于 0.3 m，渗沟宜采用砂或碎石，采用碎石时应包裹无纺土工布。

6.2.5.7 竖向排水体间距应根据稳定分析和工后沉降计算确定。袋装砂井、排水板间距宜为 1.1 m～1.5 m；渗沟穿透软土层时净间距不宜大于 6 m，否则净间距不宜大于 4 m。

6.2.5.8 竖向排水体长度宜根据稳定分析、工后沉降计算，结合地层情况、施工能力等确定。袋装砂井长度不宜超过 20 m，塑料排水板长度不宜超过 30 m。

6.2.6 密封系统

6.2.6.1 连续强透水层底面深度大于 1.0 m 的路段宜设置泥浆搅拌墙等帷幕。泥浆搅拌墙最薄处厚度不宜小于 0.4m，渗透系数不宜大于 5×10^{-6} cm/s。泥浆搅拌墙掺泥量宜通过室内配合比试验或现场试验确定。

6.2.6.2 密封膜宜采用 2～3 层厚 0.12 mm～0.14 mm 的压延型聚氯乙烯薄膜，其指标宜符合表 9 的规定。

表 9 密封膜性能指标建议值

项目	厚度 mm	纵向拉伸强度 MPa	横向拉伸强度 MPa	断裂伸长率 %	直角撕裂强度 N/mm	渗透系数 cm/s
指标	0.12～0.14	≥18	≥18	≥200	≥80	$\leqslant 10^{-11}$
试验标准	GB/T 6672	GB/T 1040			QB/T 1130	JTG E50
注：拉伸强度试验试样宽度为 50 mm。						

6.2.6.3 密封沟进入地下水位以下的黏土层不宜小于 0.5 m，密封沟底宽不宜小于 0.6 m。设置泥浆密封墙时，密封沟宜设置在密封墙顶部并进入密封墙不少于 0.5 m。

6.2.6.4 加固区底部存在强透水层时，竖向排水体宜与透水层隔离。排水板可将下部 1.5 m 范围的滤膜割除。

6.2.7 路堤加筋设计

6.2.7.1 桥头路段宜采用双向土工格栅，其他路段宜采用单向土工格栅。土工格栅极限抗拉强度不宜小于 120 kN/m。

6.2.7.2 加筋材料不宜超过 2 层。

6.2.7.3 加筋材料宜铺在排水垫层顶面及其以上，宜全幅铺设，并采用 U 形钉等固定。

6.2.8 路堤设置反压护道设计

6.2.8.1 反压护道宽度、高度宜根据稳定分析确定。

6.2.8.2 反压护道高度超过天然地基极限高度时宜分级设置。

6.2.8.3 与路堤同步实施的反压护道宜采用排水固结处理。

6.2.8.4 反压护道顶面高于路堤排水垫层顶面时，反压护道宜设置与路堤排水垫层联通的排水垫层或将路堤排水垫层引出。

6.2.9 路堤稳定分析

6.2.9.1 路堤外 30 m 范围内有水塘、河道等低洼区域时，路堤稳定分析应考虑其影响。

6.2.9.2 路堤施工期稳定性分析荷载应包括超载、沉降土方荷载等，运营期稳定性分析荷载应包括沉降土方荷载、路面荷载和汽车荷载等。

6.2.9.3 宜沿路基纵向取单位长度路基进行稳定分析。稳定安全系数宜采用 JTG/T D31-02 中的改进总强度法计算，按图 1、式(7)或式(8)计算。采用改进总强度法时，软土层强度增长系数宜取 0.25～0.30，有效内摩擦角大、软土剪切破坏孔隙水压系数小时取大值。

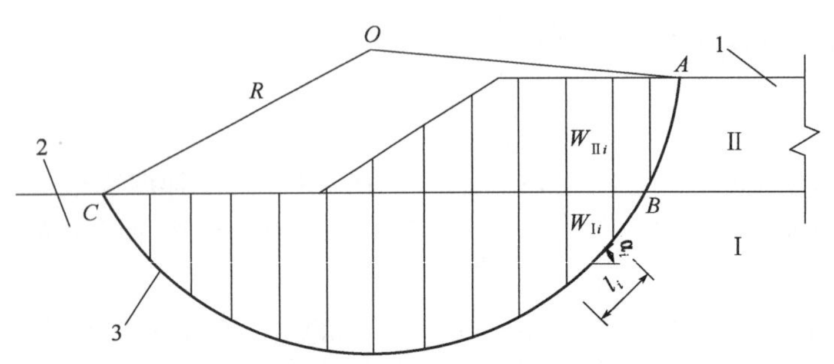

图 1　圆弧滑动稳定分析示意图

1-路堤；2-地基；3-滑动面

$$F_s=\frac{\sum_{A}^{B}[(c_{qi}l_i+W_{Ⅱi}\sec\alpha_i\tan\varphi_{qi})K_{0i}+\xi T_{ri}(\sin\alpha_i\tan\varphi_{qi}+\cos\alpha_i)]+\sum_{B}^{C}[c_il_i+(W_{Ⅰi}U_{Ⅰi}+W_{Ⅱi}U_{Ⅱi})\sec\alpha_i\tan\varphi_i]}{\sum_{A}^{C}(W_{Ⅰi}+W_{Ⅱi}+W_{wi})\sin\alpha_i} \tag{7}$$

$$F_s=\frac{\sum_{A}^{B}[(c_{qi}l_i+W_{Ⅱi}\sec\alpha_i\tan\varphi_{qi})K_{0i}+\xi T_{ri}(\sin\alpha_i\tan\varphi_{qi}+\cos\alpha_i)]+\sum_{B}^{C}[c_i+p_{ci}\tan\varphi_i+(\sigma_i-p_{ci})U_i\tan\varphi_i]l_i}{\sum_{A}^{C}(W_{Ⅰi}+W_{Ⅱi}+W_{wi})\sin\alpha_i} \tag{8}$$

式中：

F_s ——滑动稳定安全系数；

c_{qi} ——第 i 土条底面土的直接快剪黏聚力，单位为千帕（kPa）；

l_i ——第 i 土条底面长度，单位为米（m）；

$W_{Ⅱi}$——第 i 土条中路堤竖向荷载，单位为千牛（kN），水面以下取浮重度；

α_i ——第 i 土条底面的倾角，单位为（°），圆心内侧取正值，外侧取负值；

φ_{qi} ——第 i 土条底面土的直接快剪内摩擦角，单位为（°）；

K_{0i} ——第 i 土条底面土的静止土压力系数；

ξ ——加筋渐进性破坏折减系数，第一层取 1，第二层取 0.8，其他层次取 0.6；

T_{ri} ——穿过第 i 土条底面的加筋的拉力，单位为千牛（kN），采用筋材抗拉强度和抗拔承载力中的小者，筋材抗拉强度宜取延伸率 2%对应的拉力，且不应大于极限抗拉强度的 30%；

c_i ——第 i 土条底面土的黏聚力，单位为千帕（kPa），饱和软黏土取固结快剪或固结不排水剪切黏聚力，其他土层取直接快剪或不固结不排水剪切黏聚力；

$W_{Ⅰi}$——第 i 土条中地基土重量，单位为千牛（kN），水面以下取浮重度；

$U_{Ⅰi}$——第 i 土条底面土对应 $W_{Ⅰi}$ 的固结度，软土超固结时取 OCR，非黏性土、非饱和土取 1；

$U_{Ⅱi}$——第 i 土条底面土对应 $W_{Ⅱi}$ 的固结度，非黏性土、非饱和土取 1；

φ_i ——第 i 土条底面土的内摩擦角，单位为（°），软土取固结快剪或固结不排水剪切内摩擦角，其他土层取直接快剪内摩擦角；

W_{wi}——第 i 土条中浸润线与水平面之间的面积与水重度之积，单位为千牛（kN）；

p_{ci} ——第 i 土条底面土的前期固结压力，单位为千帕（kPa），饱和黏性土利用土工试验测定或利用十字板强度按式（9）计算，其他土层取 0；

σ_i ——第 i 土条底面土的竖向总应力，单位为千帕（kPa），水面以下取浮重度，$\sigma_i<p_{ci}$ 时，σ_i 取 p_{ci}；

U_i ——第 i 土条底面土对应 σ_i-p_{ci} 的固结度，非黏性土、非饱和土取 1。

$$p_{ci}=\frac{1.5S_{ui}}{\tan\varphi_{cqi}} \tag{9}$$

式中：

S_{ui}——第 i 土条底面土的十字板强度；

φ_{cqi}——第 i 土条中地基土的固结快剪内摩擦角，单位为(°)。

6.2.9.4 路堤高度较大、软土层较浅时，按式(10)计算路堤水平滑动安全系数；路堤高度较大、软土层较浅且加筋较强时，按式(11)计算软土挤出滑动稳定安全系数。

$$F_s=\frac{m_e H C_u+\sum T_{ri}}{E} \tag{10}$$

$$F_s=\frac{5.14C_u}{H\gamma_f}+\frac{2m_e C_u}{\gamma_f D_s} \tag{11}$$

$$C_u=[p_c+0.5(H-T_c)\gamma_f U]\tan\varphi \tag{12}$$

$$E=0.5(H-2c_f\sqrt{K_{pf}}/\gamma_f)\gamma_f H+\gamma_f H[0.5(K_0+K_a)U+1-U]D_s \tag{13}$$

式中：

m_e——设计边坡值(边坡坡率的倒数)；

H——包括路面、汽车荷载等效填土厚度的路堤高度，单位为米(m)；

C_u——软土不排水抗剪强度，单位为千帕(kPa)；

E——路肩处软土层底面以上的水平土压力，单位为千牛(kN)；

D_s——软土厚度，单位为米(m)；

p_c——软土前期固结压力，单位为千帕(kPa)；

T_c——汽车荷载等效填土厚度，单位为米(m)；

γ_f——路堤土重度，单位为千牛每立方米(kN/m³)；

U——软土层平均固结度；

φ——固结快剪或固结不排水剪切内摩擦角，单位为(°)，黏聚力较大时宜采用综合内摩擦角；

c_f——路堤土黏聚力，单位为千帕(kPa)；

K_{pf}——路堤土被动土压力系数；

K_0——软土静止土压力系数；

K_a——软土主动土压力系数。

6.2.9.5 真空联合堆载预压路堤应分析卸真空前、后的路堤稳定性。卸真空前加固取软土抗剪强度宜按式(14)计算；$\sigma_g+\sigma_f U_f+\sigma_v U_v \geqslant \sigma_g+\sigma_f$ 的软土区卸除真空后的抗剪强度宜分别按式(15)和式(16)计算，并取小者。

$$C_u=(\sigma_g+\sigma_f U_f+\sigma_v U_v)\tan\varphi \tag{14}$$

$$C_u=(\sigma_g+\sigma_f U_f+\sigma_v U_v)\tan\varphi-(\sigma_f U_f+\sigma_v U_v-\sigma_f)\tan\varphi_o \tag{15}$$

$$C_u=[c+(\sigma_g+\sigma_f)\tan\varphi]\left(\frac{\sigma_g+\sigma_f U_f+\sigma_v U_v}{\sigma_g+\sigma_f}\right)^{m_o} \tag{16}$$

式中：

C_u——不排水抗剪强度，单位为千帕(kPa)；

σ_g——地基土初始竖向有效应力，单位为千帕(kPa)；

σ_f——卸真空时包括沉降土方的路堤荷载在地基中产生的竖向附加应力，单位为千帕(kPa)；

U_f——对应 σ_f 的固结度；

σ_v——真空度，单位为千帕(kPa)；

U_v——对应 σ_v 的固结度；

φ——固结快剪或固结不排水剪切内摩擦角，单位为(°)；

φ_o——超固结土固结快剪或固结不排水剪切内摩擦角，单位为(°)；

c——固结快剪或固结不排水剪切黏聚力，单位为千帕(kPa)；

m_o——系数，宜取 0.64。

6.2.9.6　路堤填料的物理力学指标宜根据试验资料确定，黏聚力宜结合工程经验确定。无试验资料时，可按表10选用。

表10　路堤填料物理力学指标

填料种类	直接快剪黏聚力 kPa	直接快剪内摩擦角 °	重度 kN/m^3
细粒土	15～25	15～25	20～21
砂类土	0～5	30～35	19～20
碎石类、砾石类土	5～10	35～40	21～22
不易风化的块石类土	5～10	40	21～22
基层、底基层	40	40	23
面层	40	40	24

注1：填料的重度可根据填料性质和压实度等情况适当修正。
注2：全风化岩石、特殊土的抗剪强度指标宜根据试验资料确定。
注3：路堤高度小于6 m时宜取小值。

6.2.9.7　式(7)、式(8)计算的滑动稳定安全系数不应小于1.2，改进总强度法、式(10)、式(11)计算的滑动稳定安全系数不应小于1.3。考虑地震力时滑动稳定安全系数宜减少0.1。路堤填筑期间的滑动稳定安全系数不宜小于1.1。

6.2.10　路堤沉降计算

6.2.10.1　路堤荷载应包括沉降土方的重量，真空联合堆载预压路堤宜将膜下真空度视为路堤荷载。

6.2.10.2　路堤总沉降宜利用 e-p 曲线按式(17)计算。

$$S=m_s\sum\frac{e_{0i}-e_{1i}}{1+e_{0i}}\Delta z_i \tag{17}$$

式中：

S ——路堤总沉降，单位为米(m)；

m_s ——沉降修正系数，单位为米(m)；

e_{0i} ——第 i 层土的天然孔隙比；

e_{1i} ——第 i 层土 e-p 曲线对应自重应力和附加应力之和的孔隙比；

Δz_i——第 i 层土厚度，单位为米(m)。

6.2.10.3　软土为正常固结土时，路堤总沉降可根据压缩模量按式(18)计算。

$$S=m_s\sum\frac{\Delta\sigma_i}{E_{si}}\Delta z_i \tag{18}$$

式中：

$\Delta\sigma_i$——第 i 层的附加应力，单位为千帕(kPa)；

E_{si} ——第 i 层的压缩模量，单位为千帕(kPa)。

6.2.10.4　采用 e-lg$p$ 曲线或 e-p 曲线计算沉降时，沉降修正系数宜取1.2～1.3；采用压缩模量计算沉降时，沉降修正系数宜取1.2～1.5。真空联合堆载预压路堤的沉降修正系数 m_s 宜与堆载预压相同。

6.2.10.5　深厚软基宜分析次固结沉降。

6.2.11　固结度计算

6.2.11.1　当地基中固结系数不等的多层相邻软土时，宜换算为一层软土，其等效厚度宜采用式(19)计算。

$$H_e=\sum_{i=1}^{n}H_i\sqrt{C_v/C_{vi}} \tag{19}$$

式中：

H_e——将 n 层相邻软土固结系数换算为固结系数为 C_v 的一层软土的等效厚度，单位为米(m)；

H_i——土层 i 的厚度，单位为米(m)；

C_{vi}——土层 i 的竖向固结系数，单位为平方厘米每秒(cm^2/s)。

6.2.11.2 软土层平均固结度宜按式(20)～式(22)计算，z 处的固结度宜按式(20)、式(23)、式(24)计算。

$$U_t=\frac{1}{p}\sum\Delta p_iU_{ti} \tag{20}$$

$$U_{ti}=1-\frac{8}{\pi^2}\mathrm{e}^{-\left(\frac{8C_h}{Fd_e^2}+\frac{\pi^2C_v}{4L_d^2}\right)\left(t-\frac{T_{i-1}+T_i}{2}\right)} \tag{21}$$

$$F=\ln n-\frac{3}{4}+\left(\frac{k_h}{k_s}-1\right)\ln s+\frac{\pi k_wL_d^2}{q_w} \tag{22}$$

$$U_{ti}=1-\sum_{m=1}^{\infty}\frac{4}{(2m-1)\pi}\sin\frac{(2m-1)\pi z}{2L_d}\mathrm{e}^{-\left[\frac{8C_h}{F_md_e^2}+\frac{(2m-1)^2\pi^2C_v}{4L_d^2}\right]\left(t-\frac{T_{i-1}+T_i}{2}\right)} \tag{23}$$

$$F_m=\ln n-\frac{3}{4}+\left(\frac{k_h}{k_s}-1\right)\ln s+\frac{8k_hL_d^2}{\pi(2m-1)^2q_w} \tag{24}$$

式中：

U_t ——t 时的固结度；

p ——t 以前各级荷载的累加值，单位为千帕(kPa)；

Δp_i ——第 i 级荷载，单位为千帕(kPa)；

U_{ti} ——第 i 级荷载对应的 t 时的固结度；

C_h ——水平固结系数，单位为平方厘米每秒(cm^2/s)；

d_e ——竖向排水体影响直径，单位为厘米(cm)，竖向排水体矩形布置时为间距的 1.128 倍，梅花形布置时为间距的 1.05 倍；

C_v ——竖向固结系数，单位为平方厘米每秒(cm^2/s)；

L_d ——最大排水路径长度，单位为厘米(cm)，单向排水时，取土层厚度；双向排水时，取两排水面间土层厚度的一半；

T_{i-1}——第 i 级荷载加载起始时间，单位为秒(s)；

T_i ——第 i 级荷载加载终止时间，单位为秒(s)，当计算第 i 级荷载加载过程中某时间 t 的固结度时，T_i 改为 t；

n ——竖向排水体影响直径与竖向排水体直径的比值；

k_h ——水平渗透系数，单位为厘米每秒(cm/s)；

k_s ——涂抹区渗透系数，单位为厘米每秒(cm/s)，可取 k_h 的 1/5～1/3；

s ——扰动区直径与竖向排水体直径的比值，可取 2～3，高灵敏黏性土取高值；

q_w ——竖向排水体设计通水量，单位为立方厘米每秒(cm^3/s)；

z ——与排水层的距离，单位为厘米(cm)。

6.2.11.3 下卧软土层等效排水厚度宜按式(25)计算。下卧软土层下面为排水层时，下卧软土层最大排水路径长度宜取 H_{2e} 的 0.5 倍，否则宜取 H_{2e}。

$$H_{2e}=H_2+H_1\sqrt{\beta_v/\beta_{vh}} \tag{25}$$

$$\beta_v=\frac{\pi^2C_v}{4(H_1+H_2)^2} \tag{26}$$

$$\beta_{vh}=\frac{\pi^2C_v}{4(H_1+H_2)^2}+\frac{8C_h}{Fd_e^2} \tag{27}$$

式中：

H_{2e}——下卧软土层等效排水厚度，单位为厘米(cm)；

H_1——加固区最大排水路径长度，单位为厘米(cm)；

H_2——下卧软土层厚度，单位为厘米(cm)。

6.2.11.4 渗沟深度范围内的固结度宜采用式(28)计算，渗沟下卧软土层的固结度按6.2.11.3条计算。

$$U=U_v+U_h-U_vU_h \tag{28}$$

式中：

U_v——软土竖向固结度；

U_h——软土水平固结度，计算方法与竖向固结度计算方法相同，最大排水路径长度取渗沟净间距的0.5倍。

6.2.12 工后沉降计算

$$S_{rT}=\sum(S_{ci2}U_{i2}-S_{ci1}U_{i1})+\sum\frac{C_{\alpha i}h_i}{1+e_{0i}}\lg\frac{t_{ci}+T_i}{t_{ci}} \tag{29}$$

式中：

S_{rT}——工后沉降，单位为厘米(cm)；

S_{ci2}——路面设计使用年限末土层 i 的主固结沉降，单位为厘米(cm)；

U_{i2}——路面设计使用年限末土层 i 对应 S_{ci2} 的固结度；

S_{ci1}——公路交工验收时土层 i 的主固结沉降，单位为厘米(cm)；

U_{i1}——公路交工验收时土层 i 对应 S_{ci1} 的固结度；

$C_{\alpha i}$——土层 i 的次固结系数，可取天然含水率的0.018倍或压缩指数的0.022倍；

h_i——土层 i 的厚度，单位为厘米(cm)；

e_{0i}——土层 i 的天然孔隙比；

t_{ci}——土层 i 主固结完成需要的时间，单位为天(d)；

T_i——土层 i 主固结完成到路面设计使用年限末的时间，单位为天(d)。

6.2.13 预压荷载设计

6.2.13.1 结构物附近的路段宜超载预压，其他路段宜等载预压。

6.2.13.2 每个路段宜给出设计填土厚度，填土厚度包括设计施工期沉降土方。

6.2.13.3 超载宜为20 kPa～30 kPa，宜验算超载后路堤的稳定性。

6.2.13.4 压缩层内下卧软土层最大排水距离大于5 m的路段不宜采用超载预压减少工后沉降。

6.2.13.5 等载可采用水载、土载等，超载可采用水载、土载、真空荷载等。等载、超载采用土载时，等载靠近路床的0.5 m填料种类、强度、压实度宜与路床相同。

6.2.14 水载预压设计

6.2.14.1 水池法水载预压

6.2.14.1.1 水池法水载预压路段路堤宽度不宜小于24 m，合成坡不宜大于3%。

6.2.14.1.2 平均蓄水高度不宜大于2 m。

6.2.14.1.3 围堰宜高出水面0.2 m，顶宽不宜小于1 m，围堰坡率应根据围堰填料种类和围堰稳定分析确定，黏质土围堰边坡不宜陡于1∶1。

6.2.14.1.4 每个水池围堰最低处宜设溢水口，溢水口底面宜比设计水面高0.1 m。溢水口宽度宜根据水池面积和当地降雨强度确定。

6.2.14.1.5 分隔围堰宜根据连续水载预压路段长度、纵坡情况等确定。
6.2.14.1.6 密封膜宜采用2层0.12 mm～0.14 mm厚的聚氯乙烯薄膜，其指标宜符合表9的规定。密封膜宜覆盖围堰外侧。
6.2.14.1.7 围堰顶部密封膜上宜铺设一层黏土包等固定并保护密封膜。

6.2.14.2 水袋法水载预压

6.2.14.2.1 水袋设计高度不宜大于2.5 m。
6.2.14.2.2 水袋预压均布荷载集度宜按式(30)计算。

$$p_w = \vartheta h_b \gamma_w \tag{30}$$

式中：
p_w——水载预压均布荷载集度，单位为千帕(kPa)；
ϑ ——修正系数，宜取0.85～0.9；
h_b——水袋设计高度，单位为米(m)；
γ_w——水的重度，单位为千牛每立方米(kN/m^3)。

6.2.15 预压标准

路面施工前，结构物附近路堤利用实测沉降资料推算的等载对应的工后沉降、工后差异沉降率应符合4.3.1或4.3.2的规定，其他路段应满足工后沉降标准。

6.2.16 施工便道设置

应避免掩埋排水垫层出口，且应避免车辙切断排水垫层。

6.2.17 材料检测与存放

砂、砂井袋、排水板、土工格栅等材料应检测合格，砂井袋、排水板、土工格栅等应防止阳光照射、污染和破损。

6.2.18 竖向排水体施工

6.2.18.1 除非设计明确施工深度，应根据打设阻力结合地质勘察资料确定每根排水板的施工深度。袋装砂井施工深度应根据打设阻力结合地质勘察资料分段或分区试打确定，袋装砂井试打数量不应少于1根/400 m^2。
6.2.18.2 袋装砂井应采用振动灌砂机灌砂，灌砂机应高于砂井长度的0.5倍。吊打施工袋装砂井断裂时，砂井袋应重新检测。
6.2.18.3 排水板、袋装砂井施工机械套管口应光滑，排水板或袋装砂井破损时或回带长度大于0.5 m时应补打。
6.2.18.4 竖向排水体施工带出的泥土应清除。

6.2.19 加筋材料施工

6.2.19.1 加筋材料下面的路堤填土应平整，且不应设路拱。
6.2.19.2 加筋材料强度高的方向应与路堤横向一致。
6.2.19.3 加筋材料铺设位置、宽度、端部锚固措施等应满足设计要求。
6.2.19.4 加筋材料应张拉平直、绷紧并按设计固定，不应褶皱或松鼓。
6.2.19.5 加筋材料应避免主受力方向连接。格栅连接应采用连接棒、搭接并绑扎等方式，连接强度不应低于其极限抗拉强度的80%。

6.2.19.6 加筋材料铺设后暴晒时间不应超过 48 h。

6.2.20 路堤填筑

6.2.20.1 反压护道应与路堤同步施工，除吹填砂路基外，包边土应与路堤主体同步填筑。

6.2.20.2 路基单侧超宽填筑宽度应按式(31)计算。

$$\Delta W_h = 0.08(1 + 3h/H)S + \Delta W \tag{31}$$

式中：

ΔW_h——填土 h 高时单侧超宽填筑宽度，单位为米(m)；

H ——路堤设计高，单位为米(m)；

S ——路堤总沉降，单位为米(m)；

ΔW ——保证路堤碾压质量需要的路堤加宽值，单位为米(m)，宜取 0.3 m。

6.2.20.3 路堤填筑应避免掩埋排水垫层。

6.2.20.4 与加筋材料直接接触的填料最大粒径不应超过 150 mm，粒径大于 60 mm 的含量不应超过 30%。

6.2.20.5 施工机械不应直接碾压加筋材料。应采用后卸式货车在已填筑填料上卸料，并避免堆料过于集中。每层加筋材料上面的第一层土应先填路基两侧、后填路基中部。

6.2.20.6 软土地基路堤填筑高度小于 3 m 时不应采用冲击压实，小于 6 m 时不应采用强夯压实。

6.2.20.7 路堤高度大于路基极限填土高度时，应在施工监控指导下，按照设计要求的分层厚度进行填筑。

6.2.20.8 上路堤、路床预抬高度 ΔH 应按式(32)估算。预压路堤顶面横坡应大于 2.5%。

$$\Delta H = 0.3S_t + 1.3S_t T_1 / T_t \tag{32}$$

式中：

ΔH——预抬高度，单位为米(m)；

S_t ——预抬高时已发生的沉降，单位为米(m)；

T_1 ——预抬高时尚未施工的填土厚度，单位为米(m)；

T_t ——预抬高时填土厚度，单位为米(m)。

6.2.20.9 等载、超载土方填筑分层松铺厚度不应大于 0.3 m 或水载分级不应大于 5 kPa。

6.2.20.10 预压前参建各方应对路堤填土高程进行联测，桥头路段无监测断面时应采用钻探法确认填土厚度。预压荷载不应小于设计值。

6.2.21 水载预压施工

6.2.21.1 水载前路堤填筑要求

水载前应将等载对应的最终沉降土方填筑完毕。等载对应的最终沉降宜根据监测结果确定。

6.2.21.2 水载承载面要求

水载前应检查并清除水载承载面的尖锐物。填土尖锐物过多时，应在基底铺设一层砂或其他能保护密封膜的材料。

6.2.21.3 水池法预压施工

6.2.21.3.1 应预先确定放水方式。采用预埋排水管法或预留排水口法时应在修筑围堰时埋设排水管、排水口密封膜等。

6.2.21.3.2 每个水池的密封膜应整块预定，需要现场拼接时应按密封膜生产厂家要求拼接。

6.2.21.3.3 蓄水时应设置砂包等缓冲设施,应根据路堤监测资料调整蓄水速度。
6.2.21.3.4 预压期间水位降低大于 0.1 m 时应补充蓄水。围堰、密封膜或水袋受损时应立即修复。
6.2.21.3.5 沉降超过预期时,应采取措施。可加高围堰并增加水载。

6.2.21.4 水袋法预压施工

6.2.21.4.1 应采取下列措施使水袋相互挤紧,并避免水袋滚动:

a) 由最低处向两侧对称施工水袋;

b) 在水载预压低端设置土埂,由低向高施工水袋。

6.2.21.4.2 应根据路堤监测资料调整蓄水速度。

6.2.21.5 水载预压卸载

卸载时淡水应利用路基急流槽等排水系统排放,防止冲刷路堤。海水应避免对附近农田、养殖场等造成不利影响。

6.2.22 真空联合堆载预压施工

6.2.22.1 深层密封帷幕桩体施工应满足按本文件 6.4 搅拌桩施工要求,桩体搭接宽度应满足设计要求。
6.2.22.2 铺膜前排水垫层应清除表面尖锐物。铺膜应在风力小于 5 级时施工,并应从上风侧开始铺设。密封膜应松弛铺设,应采用热合法搭接。
6.2.22.3 密封沟内不应有砂石等透水材料,应清除沟壁尖锐物,应将密封膜踩入密封沟底部。密封沟回填料含有尖锐物时应采取措施保护密封膜。
6.2.22.4 进气孔封闭状态下泵上真空度不应低于 96 kPa。抽真空初期 3 d 内宜逐步增加开泵数量。
6.2.22.5 膜上路堤填筑宜在膜下真空度达到设计要求 5 d~7 d 后进行。膜上第一层填料厚度应大于 0.5 m,填料中不应含贝壳等棱角明显的物体。膜上填筑厚度小于 0.8 m 时,应使用小型土方机械施工,且不应小半径转弯。
6.2.22.6 真空预压用于提高路堤稳定性时,填土完成之前不宜停止抽真空且应进行真空联合堆载预压,预压期间不应间断抽真空或减少真空泵数量。
6.2.22.7 卸真空与路面施工间隔时间不宜小于 2 个月。
6.2.22.8 卸真空后继续预压时,应将坡脚外砂垫层外的密封膜去除。

6.2.23 预压

6.2.23.1 预压期间应保持排水垫层排水顺畅。
6.2.23.2 在软土地基路堤上设置预制场、进行架梁作业等应进行路堤稳定性评估。
6.2.23.3 水载预压路段应防止闲杂人员、牲畜等进入施工现场。
6.2.23.4 卸载或路面结构层施工前推算工后沉降、工后差异沉降率均应满足设计要求。
6.2.23.5 修坡预留宽度应考虑雨水冲刷、工后沉降等因素的影响。一侧预留宽度应按式(33)计算,且不应小于 100 mm。

$$\Delta w_r = (0.7 \sim 0.8) m_e S_{rT} \tag{33}$$

式中:

Δw_r——单侧预留宽度,单位为米(m);

m_e ——设计边坡值;

S_{rT} ——路中线处工后沉降,单位为米(m)。

6.2.24 质量检测

6.2.24.1 排水垫层材料应每 10000 m^3 检测 1 次，且每个合同段不应少于 1 次。排水垫层宽度、厚度应每 200 m 检测 3 点，且每段不应少于 6 点。

6.2.24.2 竖向排水体数量偏差不应大于±1%，并应现场随机选择 2%的检查间距、直径或尺寸。袋装砂井应现场随机选择 1%采用冲水拔袋法检测施工长度，排水板应现场随机选择 2%采用拔丝法检测施工长度。

6.2.24.3 土工格栅应沿路基走向每 50 m 检测一个断面，检测铺设宽度、搭接宽度、铺设平整性、反包长度等。

6.2.24.4 每个真空预压路段，沿帷幕每 50 m 应在强透水层中部抽芯取样检测帷幕的渗透系数，应安装电表并每周检查用电量，每天应抽取 30%的真空表进行回零检查并采用基准表抽查各表处的真空度。

6.2.24.5 排水固结后反开挖施工挡土墙时应检测地基承载力，每个挡土墙检测不应少于 1 点。

6.3 换填法

6.3.1 换填法适用性

材料充足、弃土易解决的以下路段宜采用换填法：

a) 软土底面深度小于 3 m 的平原路段；

b) 软土底面深度小于 5 m 的山区路段，换填开挖条件好时可加大深度；

c) 低路堤路床不满足要求的路段。

6.3.2 换填设计

6.3.2.1 换填设计内容应包括换填范围、换填深度、换填基坑边坡值、换填材料及其填筑要求、弃土场等，占用部分水域时应设置围堰。换填靠近既有建(构)筑物或换填深度超过 5 m 的路段，宜进行包括稳定分析的专项设计。

6.3.2.2 换填平面范围、换填深度应根据软土分布、路堤稳定分析、沉降计算等综合确定。

6.3.2.3 换填材料选择应贯彻因地制宜的原则。靠近下卧软土层的换填材料应采用片石等可形成嵌锁结构的水稳性好的材料。

6.3.2.4 位于路床范围的换填料压实度应达到路床压实度要求。除路床、靠近下卧软土层的换填材料外，其他换填料压实度不应小于 90%。

6.3.2.5 水域地表的浮泥及部分流泥宜采用堆载挤淤。当不需要深层软基处理且需要保证地表附近路堤土的压实度时，可采用抛石挤淤。

6.3.2.6 换填区邻近既有建(构)筑物时，应验算换填基坑边坡的稳定性。采用直接快剪指标时不应小于 1.1，采用原位测试指标时不应小于 1.2。

6.3.2.7 换填路堤稳定性分析应符合 6.2.10 的规定，稳定分析时未换填软土固结度应取 0.0。

6.3.2.8 换填路堤沉降计算应符合 6.2.11 的规定。

6.3.3 换填施工

6.3.3.1 换填区邻近既有建(构)筑物时，应监测换填基坑边坡和建(构)筑物的变形。

6.3.3.2 回填前应检查开挖深度、基底土质是否满足设计要求。山区高路堤应利用挖机进行挖探，间距不大于 15 m。

6.3.3.3 回填粉质黏土、黏土等弱透水性材料时应避免坑内积水。

6.3.3.4 抛石挤淤应由一侧向另一侧推赶施工,并将推赶的软土挖走。
6.3.3.5 挖除的土方应放置到批复或指定的弃土场中,并应采取措施确保弃土稳定安全。
6.3.3.6 开挖范围和回填情况应详细记录,并拍全景照。

6.3.4 质量检测

6.3.4.1 每 50 m 长路堤、每个沟谷的开挖深度、基底土质检测点数不应少于 9 点。
6.3.4.2 回填材料每 10000 m^3 检测 1 次,且每个合同段不应少于 1 次。
6.3.4.3 除水中回填外,回填压实度应按路堤填筑要求检测。

6.4 柔性桩复合地基法

6.4.1 柔性桩复合地基法适用性

6.4.1.1 搅拌桩复合地基不宜用于路堤高度大于 7 m 的路段。
6.4.1.2 直径小于 0.7 m 的双向搅拌桩处理深度宜小于 22 m。旋喷桩处理深度宜小于 30 m。
6.4.1.3 当软基处理施工空间受限或软土层上方存在搅拌桩施工困难的地层时,可采用旋喷桩复合地基;扣除工作垫层厚度、施工安全竖向距离后的净高大于 7 m 时可采用接杆搅拌桩。
6.4.1.4 与既有基桩距离小于 5 m 时不宜单侧设置旋喷桩,与既有基桩距离 5 m~10 m 的旋喷桩宜采取减少挤土效应的措施。
6.4.1.5 软土 pH 值小于 4、有机质含量大于 10%或含水率大于 70%时,宜通过室内试验或现场试桩确定搅拌桩的适用性或固化剂种类及其掺量;塑性指数大于 22%时,宜通过现场试桩确定搅拌桩或搅拌桩机的适用性。
6.4.1.6 地基土或地下水对混凝土具有中等及以上腐蚀时,柔性桩宜采取抗腐蚀措施。
6.4.1.7 加固深度范围内强透水层中存在流动地下水或承压水时宜慎用柔性桩。
6.4.1.8 块石含量多的地基不宜采用搅拌桩。
6.4.1.9 软土含水率大于 70%时搅拌桩宜采用粉喷桩。

6.4.2 柔性桩设计

6.4.2.1 柔性桩直径宜采用 0.5 m~1.0 m,加固深度大时宜采用大值。钉形搅拌桩大直径段可取 1.0 m~1.2 m,小直径段可取 0.5 m~0.6 m。
6.4.2.2 宜根据工程需要选择合适的固化剂种类。地下水 pH 值小于 4 时,宜选用耐酸性水泥或掺加石灰;地下水含大量 SO_4^{-2} 时,宜选用抗硫酸盐水泥;有机质含量大于 10%时,宜添加磷石膏或提高水泥含量。
6.4.2.3 搅拌桩固化剂以水泥为主时,固化剂掺量宜为 15%~25%,含水率高时取大值。
6.4.2.4 旋喷桩固化剂用量、浆液密度宜分别按照式(34)、式(35)估算。

$$m_c=\frac{\pi d^2 K_j(1+\alpha_1)\rho_m}{4(1+\alpha_2)} \tag{34}$$

$$\rho_m=\frac{\rho_w G_c(1+\alpha_2)}{1+\alpha_2 G_c} \tag{35}$$

式中:

m_c——每延米固化剂用量,单位为千克每米(kg/m);
d ——桩径,单位为米(m);
K_j——浆液置换率,宜取 0.6~0.7;
α_1 ——损失系数,宜取 0.1~0.2;
ρ_m ——浆液密度,单位为千克每立方米(kg/m^3),宜通过试验确定;

α_2 ——水与固化剂的质量比；

ρ_w ——水的密度，单位为千克每立方米（kg/m^3）；

G_c ——固化剂的相对密度，水泥可取 3.1。

6.4.2.5 搅拌桩 28 d 芯样无侧限抗压强度 q_{u28} 宜为 0.5 MPa～0.8 MPa，旋喷桩 28d 芯样 q_{u28} 不宜小于2.0 MPa，90 d 芯样无侧限抗压强度 q_u 可取 q_{u28} 的 1.3～1.8 倍。

6.4.3 复合地基设计

6.4.3.1 柔性桩宜在路堤范围内布置，复合地基附近进行开挖作业的路堤宜根据柔性桩可能的破坏模式选择布桩方式。

6.4.3.2 桩顶与路床顶面的距离不宜小于桩间净距，低路堤宜采用钉形搅拌桩以避免出现蘑菇路。

6.4.3.3 路堤下柔性桩复合地基置换率宜满足式(36)。

$$\frac{(R_E-1)p}{1-m_p+m_pR_E}<q_{u28} \tag{36}$$

式中：

R_E ——桩土模量比，取软土层桩土压缩模量比值、桩土变形模量比值中的大者。无试验数据时桩身压缩模量可取无侧限抗压强度的 20～40 倍，桩身变形模量可取无侧限抗压强度的 80～100 倍，桩间土变形模量可取桩间土压缩模量的 3～5 倍；

p ——路堤荷载集度，单位为千帕（kPa）；

m_p ——桩置换率；

q_{u28} ——28 d 芯样无侧限抗压强度，单位为千帕（kPa）。

6.4.3.4 低路堤柔性桩复合地基应设置褥垫层，褥垫层宜采用 0.4 m～0.6 m 厚的碎石垫层。

6.4.3.5 褥垫层中或上面宜铺设 1 层或 2 层双向土工格栅。土工格栅极限抗拉强度不宜小于 60 kN/m。

6.4.3.6 桩间距大于桩顶与路床顶面的距离时，宜加强褥垫层或加筋。

6.4.4 路堤稳定分析

6.4.4.1 稳定分析前应先按式(36)进行桩身压碎验算，满足桩身压碎验算的方可进行稳定分析。

6.4.4.2 路堤填土抗剪强度指标取值应符合 6.2.9.6 的规定。

6.4.4.3 软土抗剪强度宜采用十字板抗剪强度或根据前期固结压力和固结快剪指标计算得到。

6.4.4.4 加固区复合内摩擦角、黏聚力宜分别按式(37)、式(38)、式(39)、式(40)计算，并取较小的稳定安全系数。

$$\tan\varphi_{sp}=\frac{1-m_p}{1-m_p+m_pn}\tan\varphi_s \tag{37}$$

$$c_{sp}=(1-m_p)c_s+0.25m_pq_u \tag{38}$$

$$\tan\varphi_{sp}=\frac{(1-m_p)\tan\varphi_s+m_pR_E\tan\varphi_p}{1-m_p+m_pn} \tag{39}$$

$$c_{sp}=(1-m_p)c_s+0.25m_pq_u\tan\left(\frac{\pi}{4}-\frac{\varphi_p}{2}\right) \tag{40}$$

式中：

φ_{sp} ——复合内摩擦角，单位为(°)；

c_{sp} ——复合黏聚力，单位为千帕（kPa）；

m_p ——桩置换率；

n ——软土层中桩土应力比，可取桩土模量比；

c_s ——桩间土直剪快剪黏聚力，单位为千帕(kPa)，软土宜采用十字板试验、静力触探等原位测试方法确定的抗剪强度；

q_u ——无侧限抗压强度，单位为千帕(kPa)；

φ_s ——桩间土直剪快剪内摩擦角，单位为(°)，c_s 采用不排水抗剪强度 c_u 时，φ_s 应取 0°；

φ_p ——桩身摩擦角，单位为(°)，无试验资料时宜取 20°～25°。

6.4.4.5 柔性桩复合地基与排水固结联合应用时，桩间土黏聚力增量宜按式(41)计算。

$$\Delta c_s = \frac{pU\tan\varphi_{cq}}{1-m_p+m_pR_E} \tag{41}$$

式中：

Δc_s——桩间土黏聚力增量，单位为千帕(kPa)；

p ——路堤荷载集度，单位为千帕(kPa)；

U ——桩间土固结度；

φ_{cq}——固结快剪内摩擦角，单位为(°)；

m_p ——桩置换率；

R_E ——桩土模量比。

6.4.4.6 软土抗剪强度采用直接快剪或不固结不排水剪试验确定时路堤稳定安全系数不应小于 1.2，采用原位测试确定时路堤稳定安全系数不应小于 1.3。稳定分析考虑地震力时，容许稳定安全系数应减少 0.1。

6.4.5 沉降计算

沉降计算宜采用分层总和法，加固区复合压缩模量宜按式(42)计算。

$$E_{sp} = m_pE_{ps} + (1-m_p)E_s \tag{42}$$

式中：

E_{sp}——加固区复合压缩模量，单位为千帕(kPa)；

E_s ——桩间土压缩模量，单位为千帕(kPa)；

E_{ps}——桩身压缩模量，单位为千帕(kPa)，无试验数据时可取 $E_{ps}=(20\sim40)q_u$。

6.4.6 固结度计算

固结度计算时，宜对桩间土固结系数乘以 $E_{sp}/[E_s(1-m_p)]$后按 6.2.11 的规定计算。

6.4.7 预压

柔性桩复合地基路堤宜等载预压，预压时间不宜少于 3 个月。

6.4.8 材料检测与存放

柔性桩施工前，固化剂、水等原材料应检测合格，固化剂存放应防止结块或变质。

6.4.9 搅拌桩施工机械

6.4.9.1 搅拌机类型和型号应根据桩长、桩径、布桩形式、地质情况等选择。壁状或格栅状布桩时宜采用双轴或三轴搅拌桩机。

6.4.9.2 钻头叶片不宜少于 8 片，叶片厚度不宜小于 25 mm、宽度不宜小于 100 mm，与水平面的夹角不宜小于 15°。叶片末端与钻杆中心的距离不应小于桩半径。

6.4.9.3 浆喷搅拌桩机配备的注浆泵最大压力不宜小于 5 MPa；粉喷搅拌桩机配备的空压机额定压力不宜小于 0.7 MPa。

6.4.9.4 粉喷搅拌桩机应配置有满足环保要求的防尘设施。

6.4.9.5 浆喷搅拌桩机应配备浆量记录仪，粉喷搅拌桩机应配备粉体计量装置及搅拌深度记录仪，搅拌桩机上的深度仪、流量计、电流表、电压表、压力表等应经国家计量部门标定。

6.4.10 柔性桩试桩

6.4.10.1 每台柔性桩机均应进行工艺性试桩检测其施工性能对项目的适应性，试桩数量不应少于3根。

6.4.10.2 搅拌桩正式施工前应在代表性路段的勘察孔附近进行基本试桩检测或确定设计参数，试桩数量不应少于6根，应检查28 d龄期桩身强度、桩身均匀性等。

6.4.10.3 搅拌桩固化剂用量大于土体重量的25%时，宜改变固化剂或与其他地基处理方法进行比选。

6.4.11 搅拌桩施工

6.4.11.1 工作垫层厚度不宜大于路基极限填土高度的0.5倍。

6.4.11.2 水泥浆搅拌时间不应小于4 min，浆液搅拌均匀后应过筛，储浆池内水泥浆应继续搅拌，不应使用超过2 h的浆液。

6.4.11.3 下沉、提升速率不宜大于1.5 m/min，且钻速与下沉、提升速度应满足式(43)的要求。搅拌次数与叶片数之积不应少于25。叶片数不大于8片时，搅拌桩施工效率不宜大于15 m/h。

$$V_m \leqslant n_r (t_m + b_m \sin\alpha) \tag{43}$$

式中：

V_m——下沉提升速度，单位为米每分(m/min)；

n_r——钻速，单位为转每分(r/min)；

t_m——叶片厚度，单位为米(m)；

b_m——叶片宽度，单位为米(m)；

α——叶片与水平面的夹角，单位为(°)。

6.4.11.4 除非设计明确施工长度，搅拌桩施工长度应结合地质勘察资料根据施工阻力、电流变化确定。

6.4.11.5 当水泥浆液到达出浆口后，应喷浆搅拌30 s，在水泥浆与桩端土充分搅拌后，再开始提升搅拌头。

6.4.11.6 提升阶段宜采用反转。

6.4.11.7 搅拌桩施工中因故停止时，若停机不超过3 h，应将搅拌头下沉至停浆(灰)面以下1 m进行搭接施工，否则应在旁边补桩。

6.4.11.8 壁状或格栅状布桩时，相邻桩施工间隔时间不宜超过24 h。

6.4.11.9 应采取措施避免搅拌头出现抱钻现象。叶片不应变形，叶片长度磨耗量不应超过5 mm。

6.4.12 旋喷桩施工

6.4.12.1 应根据设计直径、地质条件等选择单重管、双重管、三重管等施工工法。

6.4.12.2 既有桩基附近施工旋喷桩时可采取以下措施减少挤土效应：

a) 桩基两侧旋喷桩对称施工；

b) 单重管、双重管工法预先引孔并采用较大的引孔直径；

c) 降低喷射压力，采用复喷工艺满足设计桩径；

d) 根据监测结果控制施工参数、施工进度、施工顺序等。

6.4.12.3 钻孔时应记录地层分界深度，并应根据钻孔揭示的地质情况结合设计要求确定钻孔深度。

6.4.12.4 浆液制备和储存应符合 6.4.11.2 的规定。

6.4.12.5 喷射孔与高压注浆泵之间的距离应小于 50 m，旋喷桩施工参数应符合表 11 的规定，提升注浆管前喷射注浆参数应达到规定值并孔口返浆，上提旋喷过程中应保证孔口持续返浆。

表 11 旋喷桩注浆施工参数

注浆参数	单管工法	双重管工法	三重管工法
提升速度 mm/min	宜 120～180	宜小于 100	宜小于 100
旋转速度 r/min	宜大于 20	宜大于 20	宜大于 20
浆液流量 L/min	宜大于 80	宜大于 100	宜大于 200
浆液压力 MPa	宜大于 20	宜大于 20	宜 1～3
气体流量 m^3/min	—	宜 1～2	宜 1～2
气体压力 MPa	—	宜大于 0.7	宜大于 0.7
水流量 L/min	—	—	宜 80～120
水压力 MPa	—	—	宜大于 20

6.4.12.6 喷射管分段提升的搭接长度不得小于 100 mm。

6.4.12.7 出现压力陡然下降、上升或大量冒浆等异常情况时，应查明原因并采取措施。

6.4.12.8 当土质较硬或黏性较大时，可采取先喷一遍清水再喷一遍或两遍水泥浆的复喷措施。

6.4.12.9 浆液凝固回缩导致桩头低于设计高程时应采取回灌或二次注浆等措施。

6.4.13 加筋材料施工

加筋材料施工应符合 6.2.19 的规定。

6.4.14 路堤填筑

6.4.14.1 柔性桩龄期大于 28 d 后方可进行桩顶以上的路堤土填筑。

6.4.14.2 桩顶以上填土厚度小于 3 m 时不应采用冲击压实，桩顶以上填土厚度小于 6 m 时不应采用强夯密实。

6.4.14.3 对高度大于路基极限填土高度的路堤，柔性桩龄期达到 90 d 之前，从地表面起算的路堤填筑高度不应大于式(44)计算值。

$$H_t = 0.7H_u + (H_d - 0.7H_u)t/90 \tag{44}$$

式中：

H_t——t 时的容许填筑高度，单位为米(m)；

H_u——路基极限填土高度，单位为米(m)；

H_d——路堤设计高度，单位为米(m)；

t ——水泥土桩龄期，单位为天(d)。

6.4.15 质量检测

6.4.15.1 柔性桩宜检测桩数、桩距、桩径、桩长、桩身强度、桩身完整性等。

6.4.15.2 桩数、桩距、桩径检测时，应将所有桩头挖出，并应现场随机选取1%的桩检测桩距、桩径。钉形搅拌应现场随机选择不少于0.5%且不少于3根桩开挖检测大直径桩段直径和长度。

6.4.15.3 桩长和持力层、桩身强度、桩身完整性宜通过抽芯、标准贯入试验或重型动力触探等检测，抽芯、标准贯入、动力触探时柔性桩龄期不应小于28 d。粉喷桩的抽芯、标准贯入、动力触探检测点应位于0.5倍半径附近。

6.4.15.4 应现场随机选择不少于0.2%且不少于3根柔性桩检测桩长和持力层、桩身强度、桩身完整性等。路堤高度超过路基极限填土高度的路段尚应满足每50 m长新建路段不少于2根，拓宽路段不少于1根。

6.4.15.5 抽芯应采用双管单动取样器，钻孔直径不宜小于101 mm，长度不小于70 mm的芯样累计长度与桩长的比值不宜小于80%。每根抽芯的桩应每1.5 m～2.5 m选取一组芯样进行无侧限抗压强度试验，软土层应取小值。

6.4.15.6 采用标准贯入试验或重型动力触探试验代替抽芯检测时，宜通过对比试验确定合格击数标准。无试验资料时，28 d的标准贯入 N 不宜小于 $25q_{u28}$，28 d的重型动力触探 $N_{63.5}$ 不宜小于 $15q_{u28}$。

6.4.15.7 单个路段柔性桩检测数量不少于6根时，软土层中桩身 q_{u28}、N 或 $N_{63.5}$ 的平均值与标准差之差大于 q_{u28}、N 或 $N_{63.5}$ 的设计值时，该路段柔性桩的桩身强度可判定合格。

6.5 就地固化法

6.5.1 就地固化法适用性

就地固化法宜用于以下路段：

a) 低路堤；

b) 软基处理深度小于5 m的路段；

c) 无硬壳层且需要严格控制刚性桩桩顶以下填土厚度的路段。

6.5.2 就地固化设计

6.5.2.1 就地固化土28 d无侧限抗压强度 q_{u28} 应根据荷载大小确定，宜为0.1 MPa～0.3 MPa。压缩模量宜取 q_{u28} 的30～50倍。

6.5.2.2 固化剂宜以水泥为主，可添加粉煤灰、矿粉、石灰、石膏等掺和料。固化剂掺量宜为土体天然重量的8%～12%，含水率高、有机质含量高时取大值。采用其他固化剂时，应通过试验进行验证其固化效果并确定其掺量。地基土或地下水对混凝土具有中等及以上腐蚀时，应采取抗腐蚀措施。

6.5.2.3 用于挡土墙、涵洞地基处理时，就地固化土抗压强度不宜小于基底压力的2倍。

6.5.2.4 用于形成工作垫层或施工便道时，宜就地固化至用地红线或超出施工设备、车辆接地面1 m～2 m。机械接地范围外就地固化宽度小于接地宽度的4.3倍时，就地固化土 q_{u28} 不宜小于机械接地压力的1.4倍。就地固化土厚度宜取式(45)、式(46)计算结果中的大值。

$$h_s \geq \frac{1.5a_s b_s (p_m - f_{sk})}{(a_s + b_s) q_{u28}} \tag{45}$$

$$h_s \geq \frac{a_s b_s p_m - (a_s + w_s) b_s f_{sk}}{(a_s + w_s + 0.5b_s) q_{u28}} \tag{46}$$

式中：

h_s ——就地固化土厚度，单位为米(m)；

a_s ——垂直就地固化土边线的机械接地面尺寸，单位为米(m)；

b_s ——平行就地固化土边线的机械接地面尺寸，单位为米(m)；

p_m——机械接地压力,单位为千帕(kPa);

f_{sk}——未进行深宽修正的就地固化土下面软土的地基承载力特征值,单位为千帕(kPa);

q_{u28}——28 d 无侧限抗压强度,单位为千帕(kPa);

w_s——机械接地面与就地固化土边线的距离,单位为米(m)。

6.5.2.5 就地固化路堤稳定分析宜符合 6.2.9 的规定,路堤沉降计算宜符合 6.2.10 的规定。压碎的就地固化土抗剪强度指标宜根据直接快剪试验确定,无试验资料时黏聚力宜取 0,内摩擦角宜取 20°。

6.5.3 就地固化施工

6.5.3.1 正式施工前宜现场验证固化土强度。

6.5.3.2 就地固化前应清除树根、块石等障碍物,存在硬壳层时宜利用挖掘机等预先松土。山区就地固化前应通过挖探等手段确定就地固化范围。

6.5.3.3 就地固化宜采用三维搅拌的强力搅拌头,搅拌头转速宜 50 r/min~120 r/min,搅拌头应有定位系统。固化剂应采用自动定量供料系统,浆剂设备压力不应小于 3 MPa。

6.5.3.4 采用浆剂时水灰比宜为 0.5~0.9,浆剂制备和储存应符合 6.4.11.2 的规定。

6.5.3.5 就地固化深度超过 1 m 时,搅拌头上下搅拌不应少于 2 次,提升速度不应大于 4 m/min,搅拌头连接杆的垂直度偏差不宜大于 2%。相邻就地固化点之间的搭接宽度不应小于 50 mm。

6.5.4 固化土检测

6.5.4.1 条形加固时,沿长度方向每 20 m 应检测 1 处就地固化宽度。

6.5.4.2 用于工作垫层、施工便道的就地固化土可采用轻型动力触探检测就地固化厚度、持力层、均匀性和强度等;用于软基处理的就地固化土宜采用重型动力触探或标准贯入检测就地固化厚度、持力层、均匀性和强度等,每 2500 m^2 测点不应少于 1 点,且每个工点不应少于 6 点。挡土墙、涵洞尚应采用载荷试验检测就地固化地基承载力,每段挡墙不应少于 1 点。

6.5.4.3 采用荷载试验检测地基承载力时,荷载板与就地固化土边缘的距离不应大于 1 m,承载板面积不宜小于 1 m^2。

6.5.4.4 轻型动力触探检测时龄期不应少于 14 d;标准贯入、重型动力触探、荷载试验检测时龄期不宜小于 28 d。

6.5.4.5 轻型动力触探 14 d 的 N_{10} 不应小于 $110q_{u28}$,重型动力触探 28d 的 $N_{63.5}$ 不应小于 $25q_{u28}$,标准贯入 28 d 的 N 不应小于 $40q_{u28}$。

6.6 刚性桩法

6.6.1 刚性桩法适用性

6.6.1.1 为避免蘑菇路,桩(帽)顶面与路床顶面之间的填土厚度小于 2 m 的路段不宜采用刚性桩,如需采用刚性桩,宜采用桩筏结构。

6.6.1.2 软土层未完成的自重固结沉降较大,或者桩帽以下填土厚度较大的路段不宜采用刚性桩。如需采用刚性桩宜固结排水处理后再采用刚性桩,或者采取在刚性桩之间设置竖向排水体等措施。

6.6.1.3 加固深度内存在流动地下水或承压水时应慎用灌注桩或注浆桩。

6.6.1.4 软土层底为含较多孤石的土层、卵石层、强风化~微风化岩层的路段不宜采用预制桩。

6.6.1.5 对含水率高于 75%的淤泥、孔隙比大于 3 的泥炭土等地基,灌注桩宜试桩验证成桩可能性。当充盈系数大于 1.5 时,宜采用预制桩、水泥浆灌注桩、轻集料混凝土灌注桩等。

6.6.1.6 对既有桥梁下路基、高压线下路基等净空受限制的路基,刚性桩宜采用水井钻机、勘探钻机、锚杆钻机等小型机械施工的刚性桩。

6.6.1.7　既有桩基附近不应采用预制桩、沉管灌注桩等挤土效应大的刚性桩。

6.6.2　刚性桩设计

6.6.2.1　桩顶设置桩帽但不设置连梁时，不应采用长螺旋泵压法灌注桩。灌注桩挤土效应严重时，桩身上部应设置长度不小于 4 m 的钢筋。

6.6.2.2　管桩宜采用机械接头和封闭式桩尖。

6.6.2.3　土抗力控制的刚性桩单桩承载力宜按 JTG 3363 估算，素混凝土桩、CFG 桩宜通过静载试验确定承载力。

6.6.2.4　刚性桩桩身材料轴心抗压强度设计值应按式(47)计算。

$$f_c \geqslant \frac{1.3F_{am}}{\psi_c A_p} \tag{47}$$

式中：

f_c ——轴心抗压强度设计值，单位为千帕(kPa)；

F_{am}——桩身最大轴力，单位为千牛(kN)，可取土抗力控制的单桩竖向极限承载力与单桩分担面积内路堤荷载中的小者；

ψ_c ——成桩工艺系数，可按表 12 取值；

A_p ——桩身横截面面积，单位为平方米(m^2)。

表 12　成桩工艺系数

桩型	ψ_c
非预应力预制桩	0.75
预应力预制桩	0.70～0.80
干作业非挤土灌注桩	0.90
泥浆护壁和套管护壁非挤土灌注桩	0.70～0.80
软土地区挤土灌注桩、注浆桩	0.60

6.6.2.5　地基土或地下水对混凝土具有中等及以上腐蚀时，刚性桩应符合 GB 50010 对混凝土防腐蚀和耐久性的要求。

6.6.3　刚性桩复合地基设计

6.6.3.1　刚性桩复合地基宜采用大间距、大桩长、大桩帽的设计原则。深厚软基路段宜按桩承堤设计。

6.6.3.2　刚性桩宜在路堤、挡土墙、涵洞范围内布置。

6.6.3.3　除非位于筏板、挡土墙、涵洞等结构下方，刚性桩应设桩帽。桩帽覆盖率不应小于 25%，且桩帽顶面与路床顶面的距离不应小于桩帽净间距的 2 倍、桩间距的 0.7 倍、桩帽边长的 0.6 倍。除非桩帽之间设置连梁，桩和桩帽之间应采用钢筋连接。桩帽顶面高出工作垫层顶面时，桩帽之间宜采用与褥垫层相同的材料填充。

6.6.3.4　桩承堤采用单向高强加筋材料时，应铺设两层且两层铺设方向应相互垂直。

6.6.3.5　采用桩筏结构时，筏板下宜设置素混凝土垫层或碎石垫层。桩筏结构与其他软基处理路段之间应与做好过渡设计，可设置搭板进行过渡。

6.6.4　桩、土荷载计算

土拱效应控制的桩帽间荷载集度应取式(48)、式(49)计算值中的大者，桩帽荷载应按式(50)计算。

$$p_s = (1-\delta)^{2(K_p-1)}\gamma\left[H - \frac{\sqrt{2}D(K_p-1)}{2K_p-3}\right]\vartheta + \frac{\sqrt{2}(K_p-1)\gamma(D-b)}{2K_p-3}\vartheta \tag{48}$$

$$p_s=\frac{(1+K_p)H\gamma D^2\vartheta}{2K_p[(1-\delta)^{1-K_p}+(\delta-1)(1+\delta K_p)]D^2+(1+K_p)(D^2-b^2)} \tag{49}$$

$$P_{pa}=D^2H\gamma-p_s(D^2-b^2) \tag{50}$$

式中：

p_s ——桩帽间荷载集度，单位为千帕（kPa）；

δ ——桩帽边长与桩间距的比值；

K_p ——桩帽顶面以上 $D-b$ 范围内路堤填料的被动土压力系数；

γ ——路堤填料的重度，单位为千牛每立方米（kN/m^3）；

H ——桩帽顶面以上填土高度，单位为米（m）；

D ——桩间距，单位为米（m）；

b ——桩帽边长，单位为米（m）；

ϑ ——沉降调整系数，取 1.2～1.4，软土层和工作垫层厚度大时取大值；

P_{pa} ——土拱效应控制的桩帽顶面荷载，单位为千牛（kN）。

6.6.5 桩帽、筏板、加筋计算

6.6.5.1 刚性桩范围内桩帽的弯矩可按式（51）计算，刚性桩外侧桩帽的弯矩可按式（52）计算。不配箍筋和抗冲切钢筋的桩帽的抗冲切可按式（53）验算。

$$M_{c1}=\frac{P_u(\pi b-2\sqrt{2}d)}{12\pi} \tag{51}$$

$$M_{c2}=\frac{P_u(\pi b-8d+4\sqrt{2}d)}{24\pi} \tag{52}$$

$$P_u\frac{4b^2-\pi(d+2h_0)^2\pi}{4b^2}\leqslant 0.7\pi(d+h_0)h_0f_t \tag{53}$$

式中：

M_{c1} ——刚性桩范围内桩帽的弯矩，单位为千牛米（kN·m）；

M_{c2} ——刚性桩外侧桩帽的弯矩，单位为千牛米（kN·m）；

P_u ——单桩分担面积内桩帽顶面以上荷载，单位为千牛（kN），取土单桩分担面积内桩帽以上路堤荷载、单桩竖向极限承载力中的小者；

b ——桩帽边长，单位为米（m）；

d ——桩直径，单位为米（m）；

f_t ——混凝土轴心抗拉强度设计值，单位为千帕（kPa）；

h_0 ——有效厚度，取桩帽底面至上层钢筋网的距离，单位为米（m）。

6.6.5.2 刚性桩范围内桩帽配筋面积应取式（54）和式（55）计算值中大者，计算刚性桩外侧桩帽配筋面积时应采用 M_{c2} 和 $b-d$ 分别代替 M_{c1} 和 d。

$$A_s\geqslant\frac{f_{cd}dh_0-\sqrt{f_{cd}^2d^2h_0^2-2f_{cd}dM_{c1}}}{f_{sd}} \tag{54}$$

$$A_s=\frac{\sqrt{44844.3W_{cr}^2a_s^2h_0^2d^2E_b^2+2332.7(a_n+d_s)a_sdE_bM_{c1}}-211.8W_{cr}a_sh_0dE_b}{W_{cr}h_0E_b} \tag{55}$$

式中：

A_s ——沿桩帽周长每米的配筋面积，单位为平方毫米（mm^2）；

f_{cd} ——混凝土抗压强度设计值，单位为千帕（kPa）；

f_{sd} ——钢筋抗拉强度设计值,单位为吉帕(GPa);
W_{cr} ——桩帽最大裂缝宽度容许值,单位为毫米(mm);
a_s ——受拉钢筋中心与桩帽受拉侧的距离,单位为毫米(mm);
E_b ——钢筋弹性模量,单位为吉帕(GPa);
a_n ——钢筋净保护层厚度,单位为米(m);
d_s ——钢筋直径,单位为米(m)。

6.6.5.3 筏板应按 JTG 3362 的规定进行冲切、剪切、弯曲等验算。

6.6.5.4 桩承堤加筋材料设计抗拉强度之和不应小于式(56)与式(57)计算值之和。

$$T_{ds}=0.5K_a(\gamma_f h+w_s)h-2c_f\sqrt{K_a}h \tag{56}$$

$$T_{rp}=\frac{p_s(D^2-b^2)}{4b}\sqrt{1+\frac{1}{6\varepsilon_p}} \tag{57}$$

$$\varepsilon_p=\frac{8}{3}\left(\frac{\Delta S}{D-b}\right)^2 \tag{58}$$

式中:
T_{ds}——路堤水平土压力在加筋材料中产生的拉力,单位为千牛每米(kN/m);
K_a——路桩帽以上填土的主动土压力系数;
γ_f ——桩帽以上填土的重度,单位为千牛每立方米(kN/m^3);
h ——路肩处桩帽以上填土高度,单位为米(m);
w_s——路面及交通荷载,单位为千帕(kPa);
c_f ——路桩帽以上填土的黏聚力,单位为千帕(kPa);
T_{rp}——加筋兜提力,单位为千牛每米(kN/m);
p_s ——桩帽间荷载集度,单位为千帕(kPa),可按 6.6.4 计算;
D ——桩间距,单位为米(m);
b ——桩帽边长,单位为米(m);
ε_p ——加筋材料设计延伸率,ε_p 大于式(58)计算值时取计算值;
ΔS——桩土容许沉降差,单位为米(m),不宜大于 0.3 m。

6.6.6 沉降计算

6.6.6.1 加固区沉降计算方法

除桩承堤外,刚性桩加固区沉降宜采用附加应力法分析计算,桩顶以下填土厚度小于 0.5 m 时可采用承载力比值法计算。

6.6.6.2 附加应力法

6.6.6.2.1 刚性桩承载力极限状态对应的负摩擦力 Q_{s1}^n 宜采用式(59)计算。当 $P_p+Q_{sm}^n\geqslant A_u p$ 时,桩身对应的负摩擦力 Q_{s2}^n 宜采用式(60)计算,否则宜采用式(61)。Q_{s1}^n 小于 Q_{s2}^n 时,刚性桩达到承载力极限状态,沉降中性面应采用 Q_{s1}^n 确定,否则刚性桩未达到承载力极限状态,沉降中性面应采用 Q_{s2}^n 确定。

$$Q_{s1}^n=\frac{Q_{uk}-P_p}{2} \tag{59}$$

$$Q_{s2}^n=u_p\zeta\tau_{um}\frac{A_u p'-P_p}{u_p\zeta\tau_{um}-A_u(1-m_p)\gamma_m} \tag{60}$$

$$Q_{s2}^{n}=\frac{A_{u}p(\zeta u_{p}P+2\xi Q_{sm}^{n})-\zeta u_{p}PP_{p}}{2\xi A_{u}p+\zeta u_{p}P} \tag{61}$$

$$\xi=\frac{P}{Bf_{a}+2\sum_{j=1}^{n}\Delta z_{j}\left|\tau_{uj}\right|} \tag{62}$$

式中：

Q_{s1}^{n} ——刚性桩达到承载力极限状态时的负摩擦力，单位为千牛(kN)；

Q_{uk} ——单桩竖向极限承载力，单位为千牛(kN)；

P_{p} ——桩顶荷载，单位为千牛(kN)，取 P_{pa} 与 Q_{uk} 中的小者，P_{pa} 按 6.6.4 的规定计算；

Q_{s2}^{n} ——刚性桩未达到承载力极限状态时的负摩擦力，单位为千牛(kN)；

u_{p} ——桩周长，单位为米(m)；

ζ ——沉降中性面以上桩侧摩擦力发挥系数，可取 0.7～1.0，桩间荷载大、桩间土性质差时取大值；

τ_{um} ——工作垫层极限侧阻力，单位为千帕(kPa)；

A_{u} ——单桩分担面积，单位为平方米(m^2)；

p' ——桩帽顶面处路堤荷载集度，单位为千帕(kPa)；

γ_{m} ——桩帽以下填土重度，单位为千牛每立方米(kN/m^3)；

m_{p} ——桩置换率；

p ——路堤荷载集度，单位为千帕(kPa)；

ξ ——加固区两侧摩擦力发挥系数；

Q_{sm}^{n} ——工作垫层对单桩的负摩擦力，单位为千牛(kN)；

P ——路基纵向每延米的路基总荷载，单位为千牛(kN)；

B ——路基底面宽度，单位为米(m)；

f_{a} ——加固区底面土层承载力特征值，单位为千帕(kPa)；

n ——地表面与加固区底面之间的土层数；

Δz_{j} ——第 j 层土厚度，单位为米(m)，j 从地表面起算；

τ_{uj} ——第 j 层土极限侧阻力，单位为千帕(kPa)，负摩擦区取负值。

6.6.6.2.2 刚性桩达到承载力极限状态时，桩间地基土的附加应力可按式(63)计算，桩间土沉降可利用桩间地基土的附加应力采用分层总和法计算。

$$\sigma_{sz}=\frac{p}{1-m_{p}}\left(1-\frac{2}{P}\sum_{j=1}^{n_{1}}\Delta z_{j}\xi\left|\tau_{uj}\right|\right)-\frac{P_{p}-u_{p}\sum_{i=1}^{n_{2}}\Delta z_{i}\tau_{ui}}{A_{u}(1-m_{p})} \tag{63}$$

式中：

σ_{sz} ——z 处桩间土附加应力，单位为千帕(kPa)；

m_{p} ——桩置换率；

n_{1} ——从地表面到 z 处的土层数；

Δz_{j} ——第 j 层土厚度，单位为米(m)，j 从地表面起算；

n_{2} ——从桩顶面到 z 处的土层数；

Δz_{i} ——第 i 层土厚度，单位为米(m)，i 从桩顶面起算。

6.6.6.2.3 刚性桩未达到承载力极限状态时，沉降中性面以上桩间地基土附加应力应按照式(64)计算，沉降中性面以上桩间地基土沉降应利用桩间附加应力采用分层总和法计算。

$$\sigma_{sz}=\frac{p}{1-m_{p}}\left(1-\frac{2}{P}\sum_{j=1}^{n_{1}}\Delta z_{j}\xi\left|\tau_{uj}\right|\right)-\frac{P_{p}-u_{p}\zeta\sum_{i=1}^{n_{2}}\Delta z_{i}\tau_{ui}}{A_{u}(1-m_{p})} \tag{64}$$

6.6.6.2.4 刚性桩未达到承载力极限状态时，沉降中性面以下极限桩侧阻力的反力在桩间土中产生的附加应力可采用式(65)计算，沉降中性面以下加固区两侧摩擦力导致桩间土附加应力可采用(66)计算。如果 $P_p+Q_{s2}^n<Q_p$，应采用式(70)计算沉降中性面以下桩间地基土沉降 S_{12}；如果 $P_p+Q_{s2}^n>Q_p$ 且式(71)计算的 $S_{12}>S_{bm}$，则沉降中性面以下桩间土沉降应采用式(71)计算，否则应采用式(70)计算。

$$\sigma_{sz}^{pm}=\frac{u_p\sum\Delta z_k\tau_{uk}}{A_u(1-m)} \tag{65}$$

$$\sigma_{sz}^{n}=p\,\frac{2\xi\sum\Delta z_k\tau_{uk}}{P(1-m)} \tag{66}$$

$$S_{bm}=0.88\,\frac{dq_p(1-\mu^2)}{E_0} \tag{67}$$

$$S_{sb}=0.88\,\frac{d\sigma_{sb}^{pm}(1-\mu^2)}{E_0} \tag{68}$$

$$\beta=\frac{(P_p+Q_{s2}^n)(S_{12}^{pm}+S_{sb})-(Q_n-Q_{s2}^n)S_{12}^n}{Q_p(S_{12}^{pm}+S_{sb})+(Q_s-Q_{s2}^n)S_{bm}} \tag{69}$$

$$S_{12}=\frac{(P_p+Q_{s2}^n)S_{bm}+Q_pS_{12}^n}{Q_p(S_{12}^{pm}+S_{sb})+(Q_s-Q_{s2}^n)S_{bm}}S_{12}^{pm}-S_{12}^n \tag{70}$$

$$S_{12}=\frac{P_p+Q_{s2}^n-Q_p}{Q_s-Q_{s2}^n}S_{12}^{pm}-S_{12}^n \tag{71}$$

式中：

σ_{sz}^{pm} ——沉降中性面以下极限桩侧阻力的反力在 z 处桩间土中产生的附加应力，单位为千帕(kPa)；

Δz_k——第 k 层土厚度，单位为米(m)，k 从沉降中性面起算；

σ_{sz}^{n} ——沉降中性面以下加固区两侧摩擦力导致 z 处桩间土附加应力，单位为千帕(kPa)；

S_{bm}——利用 q_p 计算的桩底刺入变形，单位为毫米(mm)；

d ——桩端直径，单位为米(m)；

q_p ——极限端阻力，单位为千帕(kPa)；

μ ——桩端土泊松比；

E_0 ——桩端土变形模量，单位为兆帕(MPa)；

S_{sb} ——利用 σ_{sb}^{pm} 计算的桩底刺入变形，单位为毫米(mm)；

σ_{sb}^{pm} ——沉降中性面以下极限桩侧阻力的反力在桩底面高程处桩间土中产生的附加应力，单位为千帕(kPa)；

β ——端阻力发挥系数；

S_{12}^{pm} ——利用 σ_{sz}^{pm} 采用分层总和法计算得到的沉降中性面以下桩间土沉降量，单位为毫米(mm)；

Q_p ——刚性桩总极限端阻力，单位为千牛(kN)；

S_{12}^{n} ——利用 σ_{sz}^{n} 采用分层总和法计算得到的沉降中性面以下桩间土沉降量，单位为毫米(mm)；

Q_s ——刚性桩总极限侧阻力，单位为千牛(kN)；

S_{12} ——沉降中性面以下桩间土沉降，单位为毫米(mm)。

6.6.6.2.5 加固区沉降应等于桩间土沉降与 $1-m_p$ 之积。

6.6.6.3 承载力比值法

6.6.6.3.1 加固沉降计算宜按式(72)计算：

$$S_1 = S_{1n} f_{sk} / f_{spk} \tag{72}$$

$$f_{spk} = \beta_1 f_{sk}(1 - m_p) + 0.5 Q_{uk} / A_u \tag{73}$$

式中：

S_1 ——加固区沉降，单位为毫米(mm)；

S_{1n} ——加固深度内天然地基沉降，单位为毫米(mm)；

f_{sk} ——天然地基承载力特征值，单位为千帕(kPa)；

f_{spk} ——复合地基软土承载力特征值，单位为千帕(kPa)；

β_1 ——桩间土承载力折减系数，宜取 0.5～0.8，桩顶以下填土厚度小、软土厚度小时取大值；

m_p ——桩置换率；

Q_{uk} ——单桩极限承载力，单位为千牛(kN)；

A_u ——单桩负责范围面积，单位为平方米(m^2)。

6.6.6.3.2　软土地基 f_{sk} 可根据软土不排水抗剪强度按式(74)计算或根据含水率按表 13 确定：

$$f_{sk} = 2.57 C_u \tag{74}$$

式中：

C_u——软土不排水抗剪强度，单位为千帕(kPa)。

表 13　软土地基承载力特征值

软土含水率 %	36	40	45	50	55	65	75
f_{sk} kPa	100	90	80	70	60	50	40

6.6.6.4　下卧层沉降计算

下卧层附加应力计算时可将加固层看作实体基础，下卧层沉降可采用分层总和法计算。

6.6.6.5　沉降修正系数

沉降修正系数取值宜符合 6.2.10.4 的规定。

6.6.7　固结度计算

宜对桩间土固结系数乘以 $S_{1n}/[S_1(1-m_p)]$ 后，按 6.2.11 计算复合地基固结度。

6.6.8　刚性桩弯矩验算

刚性桩弯矩宜采用有限元等数值方法分析，刚性桩弯矩可按附录 A 计算。刚性桩最大弯矩不应大于其极限弯矩。

6.6.9　刚性桩路堤稳定分析

6.6.9.1　路堤稳定分析要求

6.6.9.1.1　桩承堤应进行桩间土绕流滑动稳定分析，其他刚性桩路堤应进行桩土剪切滑动稳定分析、桩间土绕流滑动稳定分析。

6.6.9.1.2　对最大弯矩大于其极限弯矩的刚性桩，稳定分析时不应考虑其作用。

6.6.9.1.3　桩土剪切滑动稳定分析应符合 6.4.4 的规定。路堤横断面全部采用刚性桩加固时，桩间土绕流滑动稳定性宜采用修正重度法分析。

6.6.9.1.4 非加固区软土抗剪强度、路堤土抗剪强度指标宜确定按 6.2.9 执行，桩间软土强度宜乘以 0.6～0.8 的折减系数，挤土效应大时取小值。与排水固结联合应用时，可考虑桩间土有效附加应力产生的强度增量。

6.6.9.2 修正重度法

6.6.9.2.1 稳定分析宜将汽车荷载、路面荷载转换为等效填土厚度。

6.6.9.2.2 对路堤稳定安全系数 F_s 取一个假定值。

6.6.9.2.3 根据式(75)计算的负摩擦力确定稳定中性面，中性面以上摩擦力 τ_u 取负值。

$$Q_s^n=\frac{Q_{uk}-P_p}{2} \tag{75}$$

式中：

Q_s^n ——负摩擦力，单位为千牛(kN)；

Q_{uk} ——单桩竖向极限承载力，单位为千牛(kN)；

P_p ——桩顶荷载，单位为千牛(kN)，取 F_sP_{pa} 与 Q_{uk} 中的小者，P_{pa} 按 6.6.4 的规定计算。

6.6.9.2.4 路堤土的修正重度可按式(76)、式(77)计算。

$$\gamma_{fr}=F_s\gamma_f\frac{F_sP_u-P_p}{F_sP_u} \tag{76}$$

$$\gamma_{fdr}=F_s\gamma_{fd}(1-m_p)+\frac{u_p\tau_u}{A_u} \tag{77}$$

式中：

γ_{fr} ——桩帽顶面以上填料修正重度，单位为千牛每立方米(kN/m³)；

γ_f ——桩帽顶面以上填料重度，单位为千牛每立方米(kN/m³)；

P_u ——单桩分担面积内桩帽顶面以上荷载，单位为千牛(kN)；

γ_{fdr} ——桩间路堤土修正重度，单位为千牛每立方米(kN/m³)；

γ_{fd} ——桩间路堤土重度，单位为千牛每立方米(kN/m³)；

m_p ——桩的置换率；

u_p ——桩的周长，单位为米(m)；

τ_u ——桩侧极限摩擦力，单位为千帕(kPa)，稳定中性面以上取负值；

A_u ——单桩分担面积，单位为平方米(m²)。

6.6.9.2.5 桩间地基土修正重度可按式(78)计算。

$$\gamma_{sr}=\gamma_s(1-m_p)+\frac{u_p\tau_u}{A_u} \tag{78}$$

式中：

γ_{sr} ——地基土的修正重度，单位为千牛每立方米(kN/m³)；

γ_s ——地基土的重度，单位为千牛每立方米(kN/m³)。

6.6.9.2.6 刚性桩未穿透软土层时，应按式(79)计算桩端区土层的修正重度。

$$\gamma_{sr}=\gamma_s+\frac{Q_p}{D^2T_e} \tag{79}$$

式中：

Q_p ——总极限端阻力，单位为千牛(kN)；

T_e ——桩端区厚度，单位为米(m)，可取 0.5 m～1.0m。

6.6.9.2.7 桩间土黏聚力、不排水抗剪强度可按列式(80)、式(81)修正。

$$c_r=c(1-m_p) \tag{80}$$

$$C_{ur}=C_u(1-m_p) \tag{81}$$

式中：

c_r ——黏聚力修正值，单位为千帕（kPa）；

c ——黏聚力，单位为千帕（kPa）；

C_{ur}——不排水抗剪强度修正值，单位为千帕（kPa）；

C_u ——不排水抗剪强度，单位为千帕（kPa）。

6.6.9.2.8 忽略桩，桩顶、桩间路堤土采用 γ_{fr}、γ_{fdr}，地基加固区采用 γ_{sr}、c_r、C_{ur}，其他区域采用未修正指标，利用稳定分析软件计算得到绕流滑动安全系数 F_f。

6.6.9.2.9 当 F_f 不等于 1.0 时，应调整 F_s 并重复 6.6.9.2.3～6.6.9.2.8，直至 F_f 与 1.0 的偏差小于 0.01。

6.6.9.2.10 地基土 c、φ 采用直接快剪或不固结不排水剪试验确定时，F_s 不应小于 1.3，采用原位测试确定时 F_s 不应小于 1.5。考虑地震力时 F_s 宜减少 0.1。

6.6.9.2.11 当 F_s 小于 1.0 时，尚需分析桩（帽）顶面以上路堤自身的稳定性，路堤自身稳定安全系数不宜小于 1.4。路堤自身稳定分析时地基土黏聚力取值不宜小于 100 kPa。

6.6.10 试桩

6.6.10.1 除采用静压施工外，刚性桩应进行试桩。

6.6.10.2 应根据桩型、设计要求、施工方法等确定试桩目的。钻孔灌注桩宜验证单桩承载力，沉管灌注桩、长螺旋成孔灌注桩宜验证或确定终孔标准，预制桩锤击法施工宜验证或确定收锤标准。

6.6.10.3 试桩应在代表性路段的勘察孔附近，且试桩数量不宜少于 3 根。

6.6.11 管桩施工

6.6.11.1 硬壳层厚度大、施工空间大时可采用静压法，否则宜采用锤击法。柴油锤重不宜大于 6.2t，液压锤重不宜大于 20t。

6.6.11.2 管桩底端应设置封口型桩尖，并应采取措施避免泥沙、碎石等进入管桩内。

6.6.11.3 管桩宜采用机械接头连接。手工电弧焊接桩时，应符合 GB 50661 的规定，两个焊工对称焊接一个接头的时间应符合表 14 的规定，自然冷却时间不应少于 8 min。

表 14 一个接头焊接时间

桩直径 mm	300	400	500
焊接时间 min	8～10	12～15	15～22

6.6.11.4 除变桩长过渡段外，采用静压法施工的管桩终压力不应小于单桩竖向极限承载力标准值，锤击法收锤标准可按式（82）估算，并应利用静载试验或高应变动测仪监测的试桩验证。

$$\Delta_{10}=10\zeta L_F W_h/Q_{uk} \tag{82}$$

式中：

Δ_{10} ——最后 10 击的贯入度，单位为毫米（mm）；

ζ ——修正系数，可取 0.6～0.8；

L_F ——冲程，单位为毫米（mm）；

W_h ——冲击部分重量，单位为千牛（kN）；

Q_{uk} ——单桩竖向极限承载力标准值，单位为千牛（kN）。

6.6.12 **灌注桩**

6.6.12.1 含水率大于60%的深厚软基中，不宜采用长螺旋泵压法施工灌注桩。
6.6.12.2 混凝土泵送时混凝土坍落度宜为160 mm～200 mm；料斗投放时混凝土坍落度宜为30 mm～50 mm，软土中宜采用较小的坍落度。
6.6.12.3 采用长螺旋泵压法施工灌注桩时，应在钻杆芯管充满混合料后再拔管。
6.6.12.4 挤土型灌注桩不宜跳桩施工。
6.6.12.5 灌注桩充盈系数不应小于1.0，超过1.5时应分析原因，采取必要措施。
6.6.12.6 灌注桩需要插筋时，宜在混凝土初凝前进行桩头处理和插设钢筋插设。

6.6.13 **桩头处理、桩帽和筏板施工**

设置连梁、筏板时，桩顶高程偏差不宜大于20 mm。桩顶进入桩帽、筏板的长度偏差不应大于10 mm。钢筋位置偏差不应大于10 mm。

6.6.14 **褥垫层、路堤填土施工**

6.6.14.1 桩顶以上路基填筑时桩帽、筏板的强度不应小于设计强度的80%。
6.6.14.2 桩帽间填充料和褥垫层宜一次性施工，且材料运输和铺设机械应在已施工的褥垫层上作业，垫层密实宜采用静力压实法。
6.6.14.3 桩顶以上填土厚度小于3 m时不应采用冲击压实，桩顶以上填土厚度小于6 m时不应采用强夯压实。

6.6.15 **质量检测**

6.6.15.1 灌注桩应在成桩28 d后进行质量检测，预制管桩宜在施工7 d后检测。
6.6.15.2 应挖出所有桩头检测桩数，现场随机选取1%的桩检测桩距。灌注桩应结合充盈系数记录检查桩径。
6.6.15.3 刚性桩桩长检测应符合表15的要求。路堤高度超过极限填土高度的路段尚应满足每50 m长新建路段不少于2根，拓宽路段不少于1根。

表15 桩长检测要求

桩的类型	低应变动测法	抽芯法	测绳法
预制实心桩	不少于10%	—	—
预制管桩	不少于5%	—	不少于50%
实心灌注桩	不少于10%	不少于0.5%且不少于3根	—
现浇筒桩	不少于10%	—	不少于0.5%

6.6.15.4 应现场随机选取不少于0.5%且不少于3根灌注桩抽芯检测桩身强度。路堤高度超过路基极限填土高度的路段尚应满足每50 m长新建路段不少于2根，拓宽路段不少于1根。
6.6.15.5 应现场随机选取不少于0.5%且不少于3根刚性桩进行单桩静载试验或高应变动测试验，高应变动测应经单桩静载试验对比验证。路堤高度超过路基极限填土高度的路段尚应满足每50 m长新建路段不少于2根，拓宽路段不少于1根。
6.6.15.6 应现场随机选取不少于5%且不少于3根管桩进行孔内摄像，检测桩头接头质量、内壁裂缝等情况。

6.7 泡沫轻质土路堤法

6.7.1 泡沫轻质土路堤法的适用性

泡沫轻质土路堤宜用于图2所示的以下路段：

a) 既有路堤拓宽路段；

b) 路堤高度大于排水固结路堤适用高度的路段；

c) 需要对既有桥梁等建(构)筑物保护的路段；

d) 需要采用直立式路堤的路段；

e) 工后沉降过大路段；

f) 台背、涵背回填；

g) 其他需要减载或减少水平压力、路堤直立或碾压困难的路段。

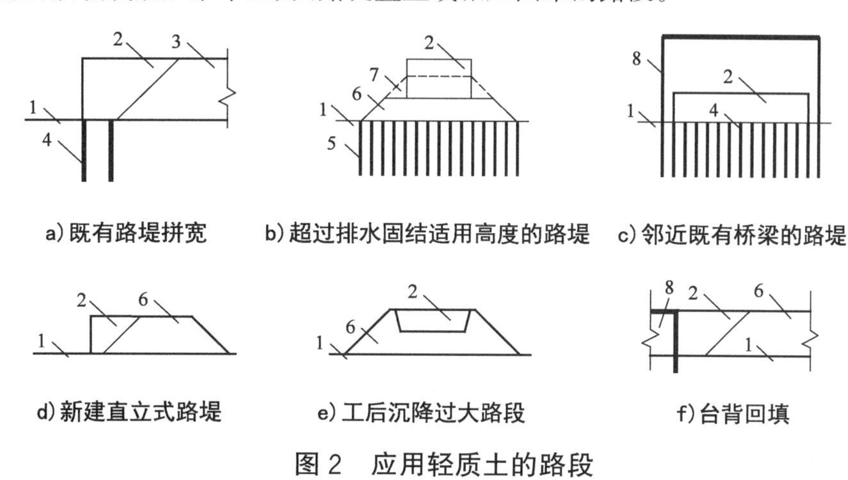

图2 应用轻质土的路段

1-地基;2-轻质土;3-既有路堤;4-桩;5-排水体;6-普通土路堤;7-预压荷载;8-桥梁

6.7.2 轻质土路堤设计

6.7.2.1 轻质土路堤不宜用作挡土墙，与轻质土路堤交界的边坡稳定安全系数不宜小于1.3，边坡上宜设置台阶。

6.7.2.2 对图3所示的轻质土路堤，轻质土底面宽度不宜小于2 m，式(83)计算的水平滑动稳定安全系数小于1.25时，宜采取加大轻质土底宽、设置抗滑锚固件等措施。

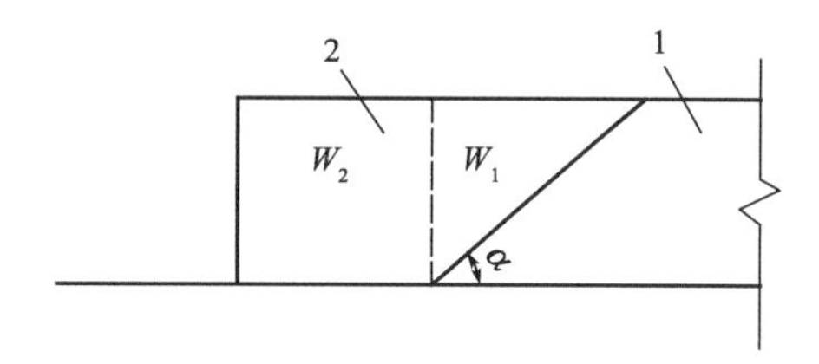

图3 轻质土水平滑动分析分区

1-普通土;2-轻质土

$$F_s=\frac{f_1W_1\cos^2\alpha+f_2W_2}{0.5W_1\sin2\alpha} \tag{83}$$

式中：

F_s ——稳定安全系数；

f_1 ——边坡上轻质土与边坡土的摩擦系数；无实测资料时可取0.5；边坡设置台阶时，可取土的摩擦系数；

W_1 ——边坡上轻质土重量、路面重量和汽车荷载之和，单位为千牛（kN）；

α ——边坡倾角，单位为（°）；

f_2 ——轻质土与底面土的摩擦系数，无实测资料时可取 0.5；

W_2 ——底面上轻质土重量、路面重量和附属设施重量之和，单位为千牛（kN）。

6.7.2.3 轻质土与普通土之间可能积水或产生工后差异沉降时，应在交界面及轻质土底面设置排水设施，并应避免泡沫轻质土堵塞排水设施。

6.7.2.4 轻质土宽度较小时，应采取加大护栏基础宽度等措施提高轻质土拼宽路堤倾覆能力。

6.7.2.5 泡沫轻质土路堤应结合调坡措施确轻质土顶面分区、各区高程等，轻质土顶面台阶高度不宜大于 150 mm。

6.7.2.6 轻质土路堤设置富余宽度时，富余宽度内的轻质土顶面不应裸露和积水。轻质土路堤可能受水流冲刷时，应采取抗冲刷措施。

6.7.2.7 路床范围内的泡沫轻质土湿重度不宜小于 7 kN/m^3，抗压强度不宜小于 1.5 MPa；地下水位以下的泡沫轻质土湿重度不宜小于 10 kN/m^3，抗压强度不宜小于 0.8 MPa；其他部位的泡沫轻质土湿重度不宜小于 6 kN/m^3，抗压强度不宜小于 1.0 MPa。湿重度大于 8 kN/m^3 的轻质土可将普通土、不引起环境污染的工业固废等作为掺合料。

6.7.2.8 轻质土路堤中应设置加筋材料，加筋材料间距不宜大于 2 m，加筋材料与轻质土顶面、底面的间距宜为 0.3 m～0.5 m。加筋材料应铺至护壁处。加筋材料宜采用直径 3.2 mm、间距 100 mm 的钢丝网。

6.7.2.9 沉降缝间距宜为 10 m～15 m，断面突变处应设沉降缝，各层轻质土的沉降缝应上下贯通。沉降缝宜设置 20 mm 厚的聚苯乙烯泡沫板。

6.7.2.10 轻质土临空面宜设置预制护壁。预制护壁厚度不应小于 40 mm，强度等级不应低于 C20。每块预制护壁应采用型钢立柱、钢筋进行 4 点固定。轻质土路堤高度小于 5 m 时立柱宜采用边宽不小于 50 mm 的角钢，路堤高度大于 5 m 时宜采用边宽不小于 75 mm 的角钢。轻质土路堤可能被撞击或冲刷的部分应采用厚度不小于 200 mm 的钢筋混凝土护壁。

6.7.2.11 直立式轻质土路堤的护栏基础宽度不宜小于 3 m，并根据汽车撞击时的受力分析确定配筋。

6.7.2.12 轻质土路堤可能出现裂缝时，轻质土路堤宜采取在轻质土顶面预压、设置钢筋混凝土板等避免路面反射裂缝的措施。

6.7.2.13 地下水位或地表水位大于轻质土路堤底面高程时，按式（84）计算的抗浮稳定安全系数不宜小于 1.15。抗浮稳定性受水库、河道、湖泊、海洋等水位控制时宜采用相应水位验算抗浮稳定性，其他轻质土路堤抗浮稳定验算宜采用内涝水位。

$$F_s=\frac{0.95\gamma_l V_l+P}{\gamma_w V_w} \tag{84}$$

式中：

γ_l ——轻质土湿重度，单位为千牛每立方米（kN/m^3）；

V_l ——轻质土体积，单位为立方米（m^3）；

P ——轻质土上部恒载，单位为千牛（kN）；

γ_w ——水重度，单位为千牛每立方米（kN/m^3）；

V_w ——水位以下轻质土体积，单位为立方米（m^3）。

6.7.3 泡沫轻质土路堤软基处理

6.7.3.1 轻质土路堤沉降不满足 4.3.5 的要求时，宜利用排水固结预压至满足要求后再卸载换填轻质土路堤，工期紧张时可采用复合地基。

6.7.3.2 排水固结预压后再施工轻质土路堤时，轻质土厚度应按式(85)、式(87)计算并取大者；真空联合堆载预压后再施工轻质土路堤时，轻质土厚度应按式(86)、式(87)计算并取大者。需要卸除的填土厚度应按式(88)计算。

$$T_{l}=\frac{K\gamma_{f}[T_{e}S_{f}-T_{f}(S_{f}U_{t}+S_{ra})]}{S_{f}(\gamma_{f}-\gamma_{l})} \tag{85}$$

$$T_{l}=\frac{K\gamma_{f}[T_{e}S_{f}-T_{vf}(S_{f}U_{t}+S_{ra})]}{S_{f}(\gamma_{f}-\gamma_{l})} \tag{86}$$

$$T_{l}=T_{e}-T_{p}-T_{f} \tag{87}$$

$$T_{r}=T_{f}+T_{l}+T_{p}-T_{e} \tag{88}$$

式中：

T_{l} ——轻质土换填厚度，单位为米(m)；

K ——安全系数，宜取 1.2～1.3；

γ_{f} ——路堤填土重度，单位为千牛每立方米(kN/m³)；

T_{e} ——路面结构等效填土厚度、路堤设计填土高度、换填轻质土前已完成沉降土方之和(m)，水位以下沉降土方重度应换算为水位以上填土重度；

S_{f} ——对应 T_{f} 的最终沉降，单位为米(m)；

T_{f} ——预压填土厚度，单位为米(m)，已通车公路尚应包括路面结构的等效填土厚度，水位以下沉降土方重度应换算为水位以上填土重度；

U_{t} ——产生工后沉降的主要土层的固结度；

S_{ra} ——容许工后沉降，单位为米(m)，不宜大于 50 mm；

γ_{l} ——轻质土重度，单位为千牛每立方米(kN/m³)；

T_{vf} ——包括真空荷载等效填土厚度的预压填土厚度，单位为米(m)，已通车公路尚应包括路面结构的等效填土厚度，水位以下沉降土方重度应换算为水位以上填土重度；

T_{r} ——需要卸除的填土厚度，单位为米(m)；

T_{p} ——路面结构等效填土厚度，单位为米(m)。

6.7.3.3 采用复合地基时，轻质土路堤沉降应满足 4.3.5 的要求。轻质土路堤沉降计算时，水位以上轻质土重度宜取湿重度，水位以下轻质土重度宜取湿重度的 1.2～1.3 倍，并考虑长期浮力的影响。

6.7.3.4 直立式轻质土路堤应进行承载力验算。刚性桩复合地基承载力宜式(73)计算，柔性桩复合地基承载力宜按式(89)计算。

$$f_{spk}=\frac{q_{u}(1-m_{p}+m_{p}R_{E})}{2(R_{E}-1)} \tag{89}$$

式中：

f_{spk}——复合地基承载力特征值，单位为千帕(kPa)；

q_{u} ——90 d 芯样无侧限抗压强度，单位为千帕(kPa)；

m_{p} ——桩置换率；

R_{E} ——桩土模量比，取软土层桩土压缩模量比值、变形模量比值中的大者。

6.7.3.5 刚性桩可能压碎轻质土时，桩顶应设桩帽或筏板。

6.7.4 泡沫轻质土路堤施工

6.7.4.1 施工设备应具有自动进料、电子计量、自动控制、综合信息显示等功能，设备控制系统应具备自动统计和汇总功能。设备各单元控制系统应实现相互联动，实现自动化控制，湿重度实时控制误差不应大于 0.2 kN/m³。

6.7.4.2 正式施工前应通过首件施工验证施工质量，轻质土标准沉陷率不应大于 2%，现场沉陷率不应大于 5%。

6.7.4.3 护壁砌块表面应光滑平整，砌缝应饱满，不应只勾缝。
6.7.4.4 严格按设计要求设置防排水、锚固、沉降缝等设施，并避免轻质土淤堵排水设施。
6.7.4.5 轻质土施工应避开 38 ℃以上的时段，低于 5 ℃时应采取保温措施。轻质土不宜在 5 级以上大风天气浇筑。当遇到大雨或长时间持续小雨时，未固化的轻质土应采取遮雨措施。
6.7.4.6 轻质土应采用分仓、分层浇筑，分层厚度宜 0.3 m～0.8 m，分仓面积应使每层轻质土初凝前浇筑完。
6.7.4.7 轻质土固化前应避免对轻质土的扰动。上层浇筑施工应在下层轻质土终凝后进行，且在轻质土顶面作业时不应有凹陷的脚印。
6.7.4.8 部分轻质土位于水面以下时应采取排水等抗浮措施。雨季施工时应采取措施避免轻质土顶面积水。
6.7.4.9 相邻两层轻质土浇筑间隔时间超过 1 d 时，应对轻质土进行保湿养护。最上面一层轻质土的养护时间不宜少于 7 d。
6.7.4.10 轻质土顶面高程、台阶高度应满足设计要求。
6.7.4.11 轻质土顶面不应直接行走机械、车辆。

6.7.5 泡沫轻质土路堤质量检测

6.7.5.1 应沿轻质土路基纵向每 50 m 一个断面检测轻质土顶面高程和台阶高度、轻质土宽度和高度、护壁平整度和倾斜度等，且每段轻质土路堤不少于 1 个检测断面。
6.7.5.2 每层轻质土均应检测湿重度和抗压强度。湿重度检测频率宜 1 次/100 m^3，抗压强度检测频率不应少于 1 组/200 m^3。
6.7.5.3 轻质土路堤施工后宜采用钻孔抽芯等手段检测轻质土厚度、重度和抗压强度。抽芯检测沿轻质土路基每 100 m 不应少于 1 处，且每段轻质土路堤不少于 1 点。抽芯检测强度不应小于设计强度的 0.8 倍。

7 特殊路段软基处理

7.1 一般规定

7.1.1 特殊路段应针对其工程特点及主要问题，收集和分析相关资料，综合比选确定软基处理方案，并应进行动态设计、信息化施工，加强监控。
7.1.2 路堤高度小于 3 m 且采用刚性桩复合地基时，宜采用桩筏结构。
7.1.3 特殊路段软基处理技术尚应符合第 6 章的相应规定。

7.2 改扩建路段

7.2.1 轻质土拼宽路堤

7.2.1.1 拼宽路基高度小于 3 m 时不宜采用轻质土拼宽。
7.2.1.2 既有路堤边坡削坡后黏质土边坡不宜陡于 1:1，砂土边坡不宜陡于其休止角。
7.2.1.3 轻质土路堤内侧路堤边坡产生主动土压力时，应按挡土墙验算轻质土路堤的稳定性。
7.2.1.4 路堤拼宽应考虑软基处理需要的临时用地。

7.2.2 拼宽路基软基处理方案

7.2.2.1 应考虑工程地质、既有路堤和拼宽路堤情况、交通组织、周边环境、工期等因素进行技术经济比较，综合分析确定拼宽路堤软基处理方案。

7.2.2.2 对软基拼宽路堤应加强计算分析,对深厚软基路堤建议开展专题研究。

7.2.2.3 路基拼宽导致既有路基横坡增加、拼宽部分工后沉降和工后差异沉降均满足要求,且路基稳定满足要求时可不进行软基处理,低填浅挖路段应通过换填或就地固化等满足路床要求。

7.2.2.4 不满足 7.2.2.3 的要求时,软土深度较小的路段宜采用换填、就地固化等方法,软土深厚的路段宜采用复合地基。

7.2.2.5 既有路基坡脚以内加固范围应根据沉降和横坡增大值计算确定。

7.2.2.6 可采用图 4 所示的二次工作平台、插设钢板桩后直立开挖、削陡边坡等方法形成既有路堤边坡范围软基处理工作面。既有路堤边坡高度大于 2 m 时,削坡后黏质土不宜陡于 1:0.75。

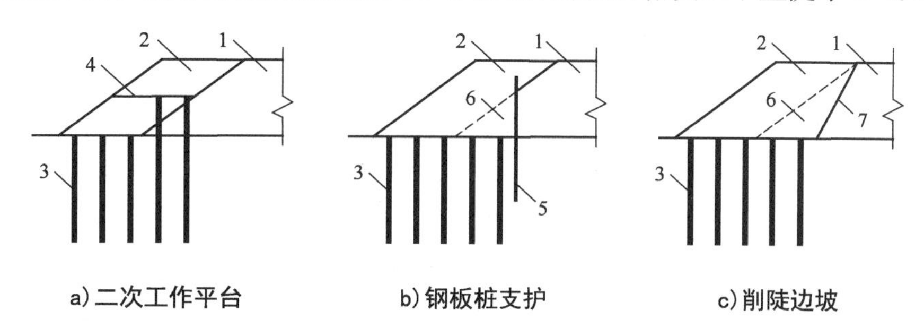

图 4 既有路堤边坡范围软基处理工作面形成方法

1-既有路堤;2-拓宽路堤;3-桩;4-二次工作平台;5-钢板桩;6-被挖除的土方;7-削陡后的边坡

7.2.2.7 插设钢板桩后直立开挖高度小于 2 m 时,拔除钢板桩后宜采用液压夯实等对钢板桩附近的填土进行补充压实;插设钢板桩后直立开挖高度大于 2 m 时,拔除钢板桩后宜对钢板桩附近的填土进行注浆固结。

7.2.3 既有路堤加高路段的软基处理方案

7.2.3.1 既有路堤加高路段的软基处理方案应综合考虑新旧路基沉降协调性、路堤稳定性、交通组织、工期等因素进行技术经济比较,综合分析确定。

7.2.3.2 加高路基的工后沉降宜与拼宽路基的工后沉降协调一致。

7.2.3.3 加高路基可采用换填轻质土、复合地基、桩筏结构等方案。

7.2.4 换填法设计要点

7.2.4.1 换填深度和宽度应根据沉降计算确定。

7.2.4.2 应结合换填开挖方案进行稳定性分析。既有路基整体滑动稳定安全系数、路堤水平滑动安全系数、软土挤出稳定安全系数小于 1.2 时,应采取临时支护措施。采钢板桩支护方案时,钢板桩嵌固长度应根据计算确定。

7.2.4.3 换填材料采用圬工破碎料时,分层厚度不宜大于 0.6 m,粒径不宜大于 0.4 m,孔隙率不宜大于 25%。采用粉质黏土时,压实度宜采用下路堤压实度。

7.2.5 就地固化法设计要点

7.2.5.1 就地固化深度和宽度应根据沉降计算确定。

7.2.5.2 施工前应沿路基纵向每 20 m~30 m 开挖一条横向探槽,检查软基处理范围内是否存在旧围堰、旧便道及其类型、状态和对软基处理施工的影响。

7.2.6 复合地基设计要点

7.2.6.1 旋喷桩桩顶与路床顶面的间距不宜小于 2 m。搅拌桩桩顶与路床顶面的间距小于 2 m 时宜采用钉形搅拌桩。

7.2.6.2 搅拌桩复合地基宜等载预压。

7.2.6.3 搅拌桩宜采用搅拌轴位于底盘之外的搅拌桩机施工，否则搅拌桩与削陡后的坡脚间距不宜小于1.5m。

7.2.6.4 刚性桩桩中心与削陡后的坡脚间距不应小于桩帽边长的0.5倍。路堤高度小于3 m时宜采用桩筏结构。

7.2.6.5 挤扩支盘桩用于既有路基加固时，桩底应穿透产生工后沉降的软土层，桩顶宜设置在路堤底部，并在桩顶设置盘代替桩帽。

7.2.7 施工

7.2.7.1 就地固化、搅拌桩、素混凝土桩等施工前应清除施工范围内的树木、混凝土、片石等障碍物。

7.2.7.2 换填、就地固化应按照设计要求分段施工。

7.2.7.3 CFG桩、素混凝土桩、灌注桩成孔方法应根据施工空间、地质条件、周边环境等选择。空间受限时可采用地质钻机、水井钻机等成孔；周边环境对挤土效应敏感时宜采用地质钻机、水井钻机、长螺旋成孔；地基存在较厚硬壳层或桩端进入硬土层较厚时，不宜采用沉管法成孔。

7.2.7.4 既有路堤边坡削陡后应防护或遮盖。

7.3 桥头路段

7.3.1 桥台结构设计

7.3.1.1 软基桥梁宜采用桩柱式桥台。桥台与路线斜交角度大或桥台采用筑岛法施工时，宜采用座板式桥台，并加强结构，避免不平衡土压力可能导致的桥台位移和开裂。

7.3.1.2 桥头均应设置搭板，桥台搭板长度不宜小于8 m，搭板纵向钢筋应连续。

7.3.1.3 桥台宜选择在能进行堆载预压的位置。

7.3.2 桥头路堤设计

7.3.2.1 深厚软基上桥头路堤高度不宜超过7 m。

7.3.2.2 桥头路堤采用排水固结法且桥头路堤高度超过5 m时，桥台前面宜反压。

7.3.2.3 深厚软基上桥头路堤高度超过7 m时，宜采取减轻路堤荷载的措施。

7.3.3 软基处理设计

7.3.3.1 工后沉降小于表1或表2中桥台与路堤相邻处容许工后沉降的桥头路堤长度不应小于10 m。

7.3.3.2 台前锥坡范围应进行软基处理，处理方法宜与台后相同。

7.3.3.3 桥头路堤应设置软基处理过渡段。软基处理过渡段长度宜大于式(90)计算的L_a，过渡段宜采用图5所示的变桩长、变间距、变预压荷载等过渡方式。采用变桩长、变间距过渡时，过渡段末端路堤稳定安全系数应满足要求。

$$L_a = \Delta S / i_{sa} \tag{90}$$

式中：

L_a ——过渡段长度，单位为米(m)；

ΔS ——过渡段两端的工后沉降差；

i_{sa} ——容许工后差异沉降率。

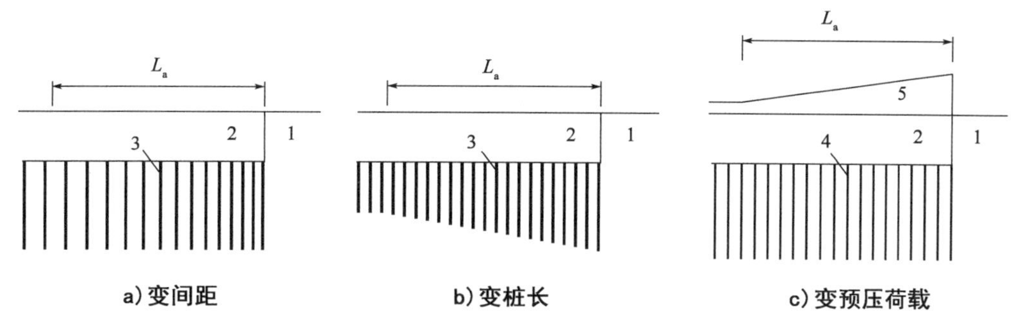

a) 变间距　　b) 变桩长　　c) 变预压荷载

图5　过渡方法

1-桥台或涵洞;2-路堤;3-桩;4-桩或排水体;5-等载和超载

7.3.3.4　对台前有锥坡的桥台,应验算路堤纵向稳定性,并应满足表 6.2.9.7、6.4.4.6 或 6.6.9.2.10 的要求。稳定分析应考虑台前沟渠等影响,不应考虑桥台桩基的抗滑作用。

7.3.4　施工

7.3.4.1　桥头路段的软基处理和路堤填筑应优先施工。

7.3.4.2　对台前有锥坡的桥台,桥台桩基应在桥头路堤包括沉降土方的所有土方填筑完毕后不少于 15 d,且水平位移速率不大于 0.2 mm/d 时施工。桩基施工时不应减少路堤土。采用排水固结法时,与桥台相邻的桥墩桩基宜采用与桥台桩基相同的施工时间。

7.3.4.3　台前反压应与桥头路堤同时施工。

7.3.4.4　对台前有锥坡的桥台,桥头路堤推算工后沉降小于表 1 或表 2 中桥台与路堤相邻处容许工后沉降时方可反开挖施工桥台,且应减少反开挖范围。

7.4　涵洞路段

7.4.1　涵洞设计

7.4.1.1　软土地基涵洞宜采用钢筋混凝土箱涵或圆管涵,采用盖板涵时宜采用整体式基础。

7.4.1.2　涵洞宜与路线正交,斜交角度不宜超过 20°。斜交角度大的涵洞的洞口宜设置八字翼墙。

7.4.1.3　宜通过减少或减薄垫层、减薄基础或底板厚度等措施减少涵洞基坑深度。

7.4.1.4　采用排水固结预压后反开挖施工的涵洞,应通过扩大基础尺寸等措施减少翼墙基底压力。

7.4.1.5　涵洞宜设置预拱度,预拱度宜取涵洞容许沉降的 0.5 倍。

7.4.1.6　箱式涵洞分段长度不应大于 6 m,节段之间宜设置厚度不小于 20 mm 的泡沫板。

7.4.1.7　圆管涵宜采用钢筋混凝土管,其接口处应设 O 形橡胶圈。

7.4.1.8　明涵两侧宜设置长度不小于 6 m 的搭板,搭板纵向钢筋应连续。

7.4.2　涵洞路段计算分析

7.4.2.1　应计算涵洞的沉降、工后沉降、涵洞处路堤稳定安全系数。

7.4.2.2　涵洞处路堤的稳定分析可不考虑涵洞的影响。

7.4.2.3　除翼墙地基外,涵洞地基不宜提承载力要求。

7.4.3　涵洞路段软基处理设计

7.4.3.1　地基处理方法选择

7.4.3.1.1　软基深度较小时,宜采用天然地基、换填或就地固化等。需要深层软基处理时,排水涵洞地基宜采用排水固结法预压后反开挖施工涵洞处理，无法预压后反开挖施工的涵洞宜采用复合地基。

7.4.3.1.2　对山区沿涵洞纵向软土厚度剧烈变化的涵洞，宜超载预压后反开挖施工或采用桩基础。

7.4.3.2　排水固结设计

7.4.3.2.1　反开挖施工排水涵洞时，应在沟渠附近设置图6所示的临时排水的圆管涵或其他排水设施等。

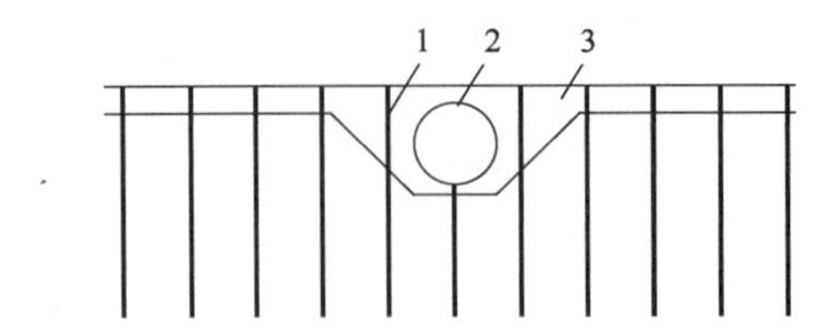

图6　排水固结路段的临时排水圆管涵

1-竖向排水体；2-排水圆管涵；3-排水垫层

7.4.3.2.2　涵洞两端宜超宽软基处理和预压，涵洞处的竖向排水体宜加密。涵洞附近宜超载预压，超载预压长度不宜小于50 m。

7.4.3.2.3　采用与运营期间圆管涵疏通措施相匹配的涵洞尺寸时，可施工圆管涵后再预压。

7.4.3.3　复合地基设计

7.4.3.3.1　涵洞复合地基应设置过渡段，过渡段应符合7.3.3.3的规定。

7.4.3.3.2　采用刚性桩复合地基且软土含水率大于60%时，涵洞范围内不宜设置褥垫层。

7.4.4　涵洞基坑支护设计

7.4.4.1　除圆管涵外，采用复合地基的涵洞应进行涵洞基坑支护设计。

7.4.4.2　采用刚性桩复合地基时，应考虑刚性桩施工与基坑开挖的时序，合理设计基坑边坡及其支护措施。

7.4.4.3　涵洞基坑稳定分析不宜考虑复合地基桩体作用。

7.4.4.4　宜根据基坑稳定分析确定涵洞基坑回填前两侧路堤不能填筑的范围。

7.4.5　施工

7.4.5.1　涵洞采用预制桩复合地基时，宜送桩至设计高程。山区涵洞采用预制桩时，应按收锤标准或压桩力控制桩长。

7.4.5.2　基坑开挖、涵洞基础施工宜分段施工。采用刚性桩复合地基的涵洞基坑土方应分层开挖，桩两侧高差不应大于0.5 m。土方施工机械不应碰撞涵洞刚性桩复合地基桩体，桩前挖掘机不应开挖桩后土体。

7.4.5.3　基坑边坡坡率应满足设计要求，基坑开挖土方不应堆在坡顶附近，坡顶施工荷载不应超过设计值。

7.4.5.4　排水固结预压后反开挖施工涵洞时，预测工后沉降应小于涵洞容许工后沉降。翼墙地基承载力小于基底压力时，可采取增大基础尺寸、换填、增设松木桩等措施。

7.4.5.5　涵洞采用复合地基时，7.4.4.4确定范围内的路堤应在涵洞底板施工后再填筑。

7.4.5.6　涵洞基坑应减少暴露时间。涵洞两侧应对称回填，并应确保回填质量。

7.5　挡土墙路段

7.5.1　挡土墙选型

挡土墙应与墙下和墙后的软基处理进行统筹设计，宜采用轻型挡土墙或柔性挡土墙。

7.5.2 挡体墙路段软基处理设计

7.5.2.1 挡土墙软基处理方法应根据整体稳定分析、挡土墙对承载力和沉降的要求、周边环境、工期等合理选择。

7.5.2.2 软基深度或挡土墙高度较小时，挡土墙地基宜采用换填、就地固化等方法，否则宜采用复合地基。整体稳定性满足要求时可排水固结预压后反开挖施工挡土墙。

7.5.2.3 挡土墙软基处理采用排水固结法时，路基挡土墙应适当加宽预压范围，竖向排水体应加密，并超载预压。

7.5.2.4 除非采用排水固结预压后反开挖施工复合地基挡土墙，复合地基挡土墙墙后路堤宜采用复合地基处理。

7.5.2.5 挡土墙路段应验算施工期和运营期的路基整体稳定性，并应满足要求。

7.5.2.6 路基采用排水固结、挡土墙采用复合地基时，除非复合地基桩体采用墙状布置或格栅状布置，路基整体稳定分析不宜按桩身抗剪破坏考虑复合地基桩体的抗滑作用，不宜考虑复合地基桩体的抗滑作用或者按受弯破坏考虑桩体的抗滑作用。

7.5.2.7 挡土墙宜按式(72)计算沉降，挡土墙沉降应符合 4.3.4 的规定。

7.5.2.8 柔性桩复合地基宜按式(89)验算地基承载力，刚性桩复合地基承载力特征值可采用式(73)或式(91)计算。

$$f_{spk}=m_p f_{pk}+(1-m_p)f_{sar} \tag{91}$$

$$f_{sar}=f_{sa}-\frac{u_p}{2(A_u-A_p)}\sum_{i=1}^{n_s}q_{ski}l_i \tag{92}$$

$$z_e=\frac{3B\sqrt{K_p}}{8}+\frac{Be^{\left(\frac{\pi}{4}-\frac{\varphi}{2}\right)\tan\varphi}}{8\sin\left(\frac{\pi}{4}-\frac{\varphi}{2}\right)} \tag{93}$$

式中：

f_{spk}——复合地基承载力特征值，单位为千帕(kPa)；

m_p——桩置换率；

f_{pk}——桩体单位截面积承载力特征值，单位为千帕(kPa)；

f_{sar}——桩间土地基承载力特征值，单位为千帕(kPa)；

f_{sa}——经深宽修正的天然地基承载力特征值，单位为千帕(kPa)；

u_p——桩周长，单位为米(m)；

A_u——单桩分担面积，单位为平方米(m^2)；

A_p——单桩横截面面积，单位为平方米(m^2)；

n_s——基础范围内滑动面等效深度 z_e 内的土层数量；

q_{ski}——第 i 层土的极限桩侧阻力标准值，单位为千帕(kPa)；

l_i——第 i 层土的厚度，单位为米(m)；

z_e——基础范围内滑动面等效深度，单位为米(m)；

B——基础宽度，单位为米(m)；

K_p——被动土压力系数；

φ——有效内摩擦角，单位为(°)，软土无试验资料时可取 22°～28°。

7.5.3 挡体墙路段施工

7.5.3.1 排水固结预压后反开挖施工挡土墙时，反开挖坡率应满足边坡稳定要求，挖方不应堆放在基坑附近。

7.5.3.2 挡土墙地基采用排水固结法时，反开挖后应检测挡土墙地基承载力，不满足要求时可采取增大挡土墙底面尺寸、换填、增设松木桩等措施。
7.5.3.3 墙后路堤采用挤土型桩复合地基时，应在墙后所有挤土桩施工后再施工挡土墙。

7.6 收费岛路段

7.6.1 软基处理方案考虑的因素

收费岛路段软基处理方案应根据路基容许工后沉降、工期、地质情况、填土厚度、车辆称重和车辆检测器地感线圈等设备埋设高程等因素合理选择。

7.6.2 软基处理设计

7.6.2.1 软基处理深度下面不宜存在软土层或软塑土层。
7.6.2.2 采用排水固结法时，宜超载预压。有条件时宜真空联合堆载预压。
7.6.2.3 深厚软基采用搅拌桩复合地基时，宜与排水固结联合应用。
7.6.2.4 需要采用刚性桩且刚性桩顶面以下填土厚度较大时，宜采用刚性桩与排水固结联合应用、刚性桩与大直径搅拌桩或钉形搅拌桩组合的加芯搅拌桩、桩筏结构等方案。
7.6.2.5 刚性桩顶部填土厚度小于 2 m 时宜采用桩筏结构。
7.6.2.6 收费岛路段与相邻路段软基处理方法不同时，应采取过渡措施，桩筏结构末端宜设置搭板。
7.6.2.7 收费岛路段工后沉降应满足 4.3.3 的要求。

7.7 服务区

7.7.1 容许工后沉降确定

应根据服务区与既有周围道路和建(构)筑物等的距离、各区域功能等，分区、分片确定容许工后沉降。

7.7.2 软基处理设计

7.7.2.1 服务区软基处理应根据服务区内地质资料、填土厚度、场地和建(构)筑物对地基承载力和工后沉降要求，结合建设工期、服务区周围地形地貌、服务区周围既有道路和建(构)筑物等对变形的要求等，分区分片选择经济合理的软基处理方法。
7.7.2.2 采用排水固结法时，排水垫层采用砂垫层且单向排水距离大于 40 m 时宜设置碎石盲沟或集水井，等载或超载可采用清表土、清淤土等。
7.7.2.3 建筑物范围内采用复合地基时，复合地基桩体与建筑物桩基础应避开。
7.7.2.4 不同处理方法之间宜采取过渡措施，可采取铺设土工格栅、渐变间距、渐变处理深度、渐变预压厚度等措施。
7.7.2.5 服务区软基处理应给出软基处理平面图、剖面图等。

7.7.3 质量检测要求

每种软基处理方法、每个区域均应设置质量检测点。

7.7.4 监测要求

7.7.4.1 服务区周边应监测水平位移，服务区附近的建(构)筑物应监测位移、沉降和倾斜等。
7.7.4.2 场地内部应监测沉降，每种软基处理方法、每个区域均应有沉降监测点。
7.7.4.3 宜给出施工监测等的平面图。

7.8 低路堤路段

7.8.1 软基处理原则

低路堤应优先考虑不进行软基处理的可行性。需要软基处理时，应与路床处治、隔渗等进行统筹设计。

7.8.2 软基处理设计

7.8.2.1 软基处理方法选择

地基中存在较厚填土且会导致工后沉降超标的低填路堤，宜采用排水固结、搅拌桩复合地基、桩筏结构等。其他低路堤软基处理宜采用换填、就地固化等。低路堤不宜采用刚性桩＋桩帽的软基处理方法。

7.8.2.2 换填设计

7.8.2.2.1 换填材料宜采用粗粒土、经处治后的细粒土。

7.8.2.2.2 换填深度宜根据路床厚度、施工需要等确定。路床以下为软土层时，宜换填至路床底面以下 0.3 m～0.7 m，且低于路床底面的深度不宜大于路床下面的软土层厚度。

7.8.2.3 就地固化设计

7.8.2.3.1 固化土强度、回弹模量应满足路床弯沉值、回弹模量等要求。

7.8.2.3.2 就地固化深度宜根据路床厚度等确定。路床以下为软土层时，宜固化至路床底面以下 0.7 m，且低于路床底面的深度不宜大于路床下面的软土层厚度。

7.8.2.4 排水固结设计

预压完毕后排水垫层位于路床顶面的路段，排水垫层应采用符合路床路床弯沉值、回弹模量等要求的碎石、石屑等材料。

7.8.2.5 复合地基设计

7.8.2.5.1 采用刚性桩时，宜采用桩筏结构，钢筋混凝土板可作为路面结构的组成部分。采用桩帽结构时，桩顶以上填土厚度应大于桩帽净间距的 2 倍，且宜铺设不少于 2 层双向土工格栅。

7.8.2.5.2 搅拌桩宜采用钉形搅拌桩，且宜铺设不少于 2 层双向土工格栅。

7.8.2.5.3 褥垫层位于路床顶面的路段，应采用符合路床弯沉值、回弹模量等要求的粗粒土、经处治后的细土等材料，地下水、常水位以上可采用符合路床沉值、回弹模量等要求的细粒土，但应设置隔渗层。

7.9 浸水路段

7.9.1 软基处理方案考虑的因素

浸水路堤应综合考虑水深、路堤高度、软基处理工作面高程、浸水部分填料种类等因素，合理确定软基处理方案。

7.9.2 软基处理设计

7.9.2.1 属于低路堤的按 7.8 执行。

7.9.2.2 软基深度小于 30 m 且需深层软基处理时，宜采用排水固结法、柔性桩复合地基或两者联合应用。

7.9.2.3 采用刚性桩与桩帽联合应用的结构形式时，桩帽顶面与路床顶面之间的距离宜大于2 m。桩帽顶面低于常水位时，桩帽与常水位之间宜填筑粗粒土。桩帽顶面以下填土导致工后沉降超标时，宜采取减少桩帽下填土厚度、刚性桩与排水固结或柔性桩联合应用等措施。

7.10 山边倾斜软基路段

7.10.1 确定软基处理方案的注意事项

确定山边倾斜软基路堤软基处理方案时，应综合考虑地形地貌、软土层空间分布特征、软土层以下岩土情况、路堤高度等因素，加强稳定分析、沉降计算。

7.10.2 软基处理设计

7.10.2.1 软基深度小时宜采用换填、就地固化等方法。

7.10.2.2 采用排水固结时宜超载预压。

7.10.2.3 采用复合地基时，软土层厚度大的一侧柔性桩应加密，刚性桩宜加密或加长。

7.10.3 软基处理施工

7.10.3.1 换填深度应根据现场开挖情况确定，开挖后应进行挖探确定坑底土质和地层情况。

7.10.3.2 就地固化前应进行挖探，并根据挖探结果确定加固深度。

7.10.3.3 渗沟平面布置可根据现场地形地貌调整，使其排水顺畅，并减少地下水流向路堤。

7.10.3.4 竖向排水体施工长度应参考勘察、挖探结果，并结合施工阻力确定，使其穿透软弱土层。

7.10.3.5 采用预制桩时，应按收锤标准或压桩力控制桩长。

7.11 既有建(构)筑物附近路段

7.11.1 软基处理方案考虑的因素

确定既有建(构)筑物附近路段软基处理方案时，应根据既有建(构)筑物情况、工程地质条件、路堤高度等因素，加强计算分析，合理确定既有建(构)筑物容许变形和软基处理方案。

7.11.2 软基处理设计

7.11.2.1 城镇路段低路堤应优先考虑不进行软基处理的可行性，需要软基处理时宜采用换填法等。地下管线少且位置明确时，可采用就地固化等。

7.11.2.2 既有房屋、桥梁、地下管线等建(构)筑物附近的路堤，不宜采用挤土性桩、沉降较大的排水固结。

7.11.2.3 与35 kV及以下电力线路杆塔及其拉线的距离不大于5 m的路基、与66 kV及以上电力线路杆塔及其拉线的距离不大于10 m的路基，不应采用挤土性桩、沉降较大的排水固结路堤等。

7.11.2.4 与高压架空电力线路边线的水平距离小于表16中数值的软基处理范围宜作为限高范围，与高压架空电力线路边线的水平距离小于表17中数值的软基处理范围应作为限高范围，限高范围内施工机械与架空线的竖向距离不应小于表17中数值，施工机械上部有施工人员时尚应满足表18的要求。

表16 软基处理施工限高的架空电线路范围

架空电线电压等级 kV	1～10	35～110	154～330	400～500	660～750	800～1000	1100
与边线的水平距离 m	5	10	15	20	25	30	40

表 17 施工机械与架空电线最小安全距离

架空电线电压等级 kV	<1	10	35	110	220	330	500
垂直方向最小安全距离 m	1.5	3.0	4.0	5.0	6.0	7.0	8.0
水平方向最小安全距离 m	1.5	2.0	3.5	4.0	6.0	7.0	8.0

表 18 施工人员与架空电线的最小安全操作距离

架空电线电压等级 kV	<1	1～10	35～110	220	330～500
最小安全操作距离 m	4	6	8	10	15

7.11.2.5 位于路基范围内的地下管线不能拆迁时，宜采用桥梁、涵洞、盖板、轻质土路堤等方案，涵洞、盖板、轻质土路堤的沉降应满足管线的要求，软基处理不应采用对管线产生挤压的软基处理方法。

7.11.2.6 既有桥梁下路基布置不宜使行车道位于既有桥梁承台正上方。软基处理不应采用挤土型桩、排水固结等方案，桥梁为摩擦桩时宜采用桩筏结构。软基处理施工机械应适应桥下净空。

7.11.2.7 除本文件外要求外，尚应满足相关部门的要求。

7.12 滑塌路段

7.12.1 分析与计算

7.12.1.1 应分析滑动面位置、滑动前后地基土抗剪强度、剩余沉降、滑塌原因等，必要时应进行补充勘察。

7.12.1.2 宜利用滑动面平面轮廓图和静力触探结果等推断滑动面位置。

7.12.1.3 宜利用滑动前路堤断面反分析地基土抗剪强度指标，扰动后的地基土强度宜利用滑塌后断面分析。

7.12.1.4 宜利用监测资料预测剩余沉降，无监测资料时可利用补充勘察资料计算。

7.12.2 滑塌路段处理设计

7.12.2.1 运营公路宜选择采取反压护道、换填泡沫轻质土等方法。

7.12.2.2 在建公路滑塌前采用复合地基的路段，宜采用轻质土路堤、预应力管桩复合地基、桥梁等方案。

7.12.2.3 在建公路滑塌前采用排水固结法的路段，宜根据工期、周边环境等采用排水固结＋土工合成材料、真空联合堆载预压、排水固结＋反压护道、复合地基、轻质土路堤、桥梁等方案。

7.12.2.4 滑塌路段处理方案、处理范围应利于与相邻路段工后沉降的平顺过渡。

7.12.2.5 处理后路堤稳定分析应将实际滑动面作为潜在滑动面之一进行验算，并采用扰动土的抗剪强度指标。

7.12.2.6 滑塌路段软基处理前应先卸载，卸载范围应根据软基处理范围、施工安全、施工难度等因素确定。

7.12.2.7　路堤填筑时，与未卸载路堤之间的界面应设置台阶，并铺设土工合成材料。

7.12.3　施工

7.12.3.1　应选择能穿透沉入地基的路堤填土的施工机械，并应采用对相邻路段振动和挤压少的施工工艺。

7.12.3.2　软基处理、路堤填筑时应进行施工监测。

7.12.3.3　设置反压护道时，反压护道的软基处理和填筑宜与路堤的软基处理和填筑同步进行。

7.13　工后沉降偏大路段

7.13.1　分析与计算

7.13.1.1　应根据软基处理设计及施工情况、地质资料、监测资料等分析产生工后沉降的主要土层。

7.13.1.2　应根据收集的资料、现场调查等分析路堤稳定性。

7.13.1.3　宜利用监测资料推算产生工后沉降的主要土层的固结度，无监测资料时可利用土工试验资料计算。

7.13.2　在建公路处理方案

7.13.2.1　宜采用继续预压、预抛高、过渡路面、加长桥台搭板、换填轻质土、复合地基、养护加铺沥青混凝土等方案。桥台桩基已经施工的桥头路段，复合地基不宜采用管桩、旋喷桩等挤土型桩。

7.13.2.2　复合地基应穿透产生工后沉降的主要土层，桩间土附加应力与复合地基加固前有效附加应力之差为负值的土层不宜计算工后沉降。

7.13.2.3　采用长螺旋泵送混凝土桩、管桩等刚性桩时，应采取防止对路面冲顶的措施，可与筏板联合形成桩筏结构。

7.13.2.4　按式(85)或式(86)计算换填轻质土厚度时，宜采用产生工后沉降的主要土层的固结度。当监测资料不齐全时，宜补充勘察测定软土层初始孔隙比、厚度和压缩曲线，根据计算剩余沉降确定换填厚度。按式(94)计算换填轻质土后的剩余沉降时，e_{1i}小于e_{0i}的土层不宜计算工后沉降。

$$S_r=\sum_{i=1}^{n}\frac{e_{0i}-e_{1i}}{1+e_{0i}}\Delta z_i \tag{94}$$

式中：

S_r ——剩余沉降，单位为米(m)；

e_{0i} ——补充勘察得到的第 i 层土的初始孔隙比；

e_{1i} ——第 i 层土对应换填轻质土后总应力的孔隙比；

Δz_i——第 i 层土的厚度，单位为米(m)。

7.13.3　运营公路处理方案

7.13.3.1　软基导致的工后沉降过大的运营公路，桥头路段可采用调坡加铺、邓氏化学注浆(DCG)、袖阀管注浆桩、钢花管注浆桩、换填轻质土、长螺旋泵送混凝土桩、钻孔灌注桩、支盘桩等方法。其他路段还可采用旋喷桩、管桩等挤土型桩。

7.13.3.2　袖阀管注浆桩、钢花管注浆桩的钻孔直径不宜小于 150 mm，宜对持力层和路堤土进行劈裂注浆。

7.13.3.3　松散填土导致工后沉降过大的运营公路，宜采用调坡加铺、DCG、袖阀管注浆、套管注浆、旋喷桩、挤密砂石桩等。

7.13.3.4　预抛高后相邻路段纵坡差宜小于 0.3%，且最大纵坡应满足公路路线规范要求。

7.13.3.5 运营公路处理方案尚应符合 7.13.2.3、7.13.2.4 的要求。

7.13.4 施工

7.13.4.1 既有路堤宜采用长螺旋钻机或旋挖桩机等进行引孔，路面可采用大直径取芯钻机等引孔。
7.13.4.2 袖阀管注浆桩、钢花管注浆桩跑浆严重的桩段可填砂后再注浆。
7.13.4.3 运营公路宜采用小型施工机械。
7.13.4.4 施工时应进行地表沉降等监测。

7.14 开裂路段

7.14.1 分析与计算

7.14.1.1 应根据现场调查和收集的资料等，分析路堤开裂原因。
7.14.1.2 路堤稳定性差导致裂缝时应分析其稳定风险大小，沉降不均匀导致裂缝时应预测差异沉降发展情况。

7.14.2 路堤稳定性差导致的裂缝病害处治设计

7.14.2.1 裂缝严重并持续发展时，应采取卸载或反压、封闭交通等应急措施，并按滑塌路段进行处理。
7.14.2.2 对路堤高度较小、工期允许的在建公路，宜卸除部分或全部路堤填土，并加强软基处理。
7.14.2.3 对路堤高度较大、工期紧张的在建公路及运营公路，桥头路段可采用反压护道、换填轻质土、袖阀管注浆桩、钢花管注浆桩、长螺旋泵送混凝土桩、挤扩支盘桩等。一般路段还可采用高压旋喷桩、预制桩等挤土型桩。运营公路采用长螺旋泵送混凝土桩、钢花管注浆桩、管桩等刚性桩时，宜与筏板联合形成桩筏基础。必要时应进行引孔。
7.14.2.4 复合地基桩体应穿透最危险滑动面，宜反算地基土抗剪强度并根据稳定分析确定桩间距和单桩承载力。
7.14.2.5 临近通车时设置的反压护道、运营公路设置的反压护道不宜采用排水固结处理。

7.14.3 路堤差异沉降导致的裂缝病害处治设计

7.14.3.1 在建公路宜按 7.13.2 执行，也可在路堤中垂直裂缝方向铺设加筋材料或设置钢筋混凝土板。
7.14.3.2 运营公路宜按 7.13.3 执行。

7.14.4 施工

7.14.4.1 既有路堤宜采用长螺旋钻机或旋挖桩机等进行引孔，路面可采用大直径取芯钻机等引孔。
7.14.4.2 袖阀管注浆桩、钢花管注浆桩跑浆严重的桩段可填砂后再注浆。
7.14.4.3 运营公路宜采用小型施工机械。
7.14.4.4 潜在滑动区范围应减少荷载，不应堆放水泥、注浆设备和发电机等重物。
7.14.4.5 路堤、路面的裂缝应封闭。
7.14.4.6 路堤稳定性较差时，预制桩应跳桩施工，每个预制桩施工与引孔回填间隔时间不应超过 24 h，预制桩引孔内应避免积水，并应根据监测资料调整和优化施工进度、施工顺序、施工参数等。
7.14.4.7 路堤稳定性差导致裂缝病害的路段，施工时应监测地表沉降、隆起、侧向位移和裂缝宽度等；路堤差异沉降导致裂缝病害的路段，施工时应监测地表沉降等。

7.15 泥炭土地基路段

7.15.1 软基处理方案

7.15.1.1 可采用换填法、排水固结法、复合地基法等。
7.15.1.2 开挖难度不大时,宜采用换填法。
7.15.1.3 排水固结法宜超载预压。孔隙大于 5 时可不插竖向排水体,且可利用强夯代替超载。
7.15.1.4 复合地基法应根据成桩可行性选择合适的桩型,宜采用预制桩、模袋混凝土桩。

7.15.2 施工

软基处理施工出现冒水、下陷等现象时,应通知相关单位。

8 软基路堤监控

8.1 一般规定

8.1.1 软基路堤应进行施工期监控,高速公路和一级公路应进行工后监控。
8.1.2 软基路堤填筑速率、卸载时机等应根据软土地基监控成果确定。
8.1.3 软基路堤监控宜采用自动化监控和预警。
8.1.4 软基路堤监控宜由第三方实施。稳定性差、沉降大等路段的监控应由第三方实施。
8.1.5 受软基路堤影响的既有路基、桥涵、管线、地铁、房屋等建(构)筑物应进行沉降、位移、倾斜、裂缝等监测,并应符合 JGJ 8、GB 50497 等的规定。
8.1.6 软基路堤监控宜综合利用利用仪器监测、巡查等手段。巡查可利用无人机、卫星地图等措施。
8.1.7 必要时,应对软基路堤影响的既有路基、桥涵、管线、地铁、房屋等建(构)筑物进行检测评估。

8.2 施工期监控

8.2.1 施工期监控设计

施工期监控设计应包括监测断面设置、监测项目选择、测点布置、监测要求、监测时间、监测频率、路基稳定评估方法、预警标准等。试验段工程、病害路基处治路段应进行专项监控方案设计。

8.2.2 监测断面设置

8.2.2.1 路堤高度超过天然地基路堤极限填土高度且采用排水固结或复合地基处理的路段,监控断面间距不宜大于 50 m,且应设置在稳定性差的位置。监测断面方向应与潜在滑动方向一致。
8.2.2.2 采用排水固结法处理且计算沉降大于 3 倍容许工后沉降的路段,监控断面间距不宜大于 100 m。
8.2.2.3 桥头路段监控断面不宜少于 2 个。

8.2.3 监测项目选择

8.2.3.1 高度超过天然地基路堤极限填土高度且采用排水固结的路段,应监测表面沉降、水平位移、孔隙水压力。真空预压还应监测膜下真空度。
8.2.3.2 高度超过天然地基路堤极限填土高度且采用复合地基处理的路段,应监测桩顶沉降、桩间土沉降、水平位移,刚性桩宜监测桩顶土压力,管桩宜监测桩身水平位移。
8.2.3.3 采用排水固结法处理且计算沉降大于 3 倍容许工后沉降的路段,应监测表面沉降,宜监测孔隙水压力。

8.2.3.4 下卧层软土厚度大于 3 m 的路段宜监测深层沉降。

8.2.4 测点布置

8.2.4.1 沉降监测点宜设置在路堤中线、坡肩附近，路堤顶宽较小时可只设置在路肩附近，拓宽路基宜采用沉降计；路面施工时路中线处的沉降监测点宜重设。

8.2.4.2 路堤横断面软土层厚度变化不大时，分层或深层沉降宜设置在路中线附近。分层或深层沉降测点竖向间距宜为 2～4 m，地基压缩层内土层界面、加固区底面应设置测点。

8.2.4.3 深层水平位移监测点宜设置在坡脚附近，桩身深层水平位移监测点宜设在最外侧桩身内。

8.2.4.4 当用于评估路堤稳定性时，孔压测点宜布置在最危险滑动面附近的软土层中，竖向间距不宜大于 2 m；当用于预测工后沉降时，孔压测点应布置在地基压缩层内的软土层中，竖向间距不宜大于 3 m。

8.2.4.5 土压力测点宜设置在坡肩附近的桩顶上。

8.2.4.6 膜下真空度测点应布置在相邻真空滤管中间。

8.2.5 测点埋设

8.2.5.1 测斜管应进入软基处理深度以下的硬土层不少于 1 m 或超过地基压缩层不少于 1 m，并应使一对滑槽处于垂直路堤方向。管桩内设测斜管时，测斜管与管桩之间应填满中粗砂。

8.2.5.2 桩(帽)顶面的土压力传感器应埋在加筋材料下方。

8.2.5.3 分层沉降环下限应满足最大沉降量要求，分层沉降管与路堤之间应设隔离管，分层沉降管应具有足够的抗压强度。

8.2.5.4 深层沉降标测杆外侧应设套管。

8.2.5.5 真空度测头和真空表之间的软管应预留与差异沉降相适应的长度，穿过密封膜时不应漏气。

8.2.6 监测要求

抽真空过程中应对真空表进行回零检查，并应不定期采用基准表抽查真空度。其他监测项目的现场监测应符合 GB/T 51275 的规定。

8.2.7 监测时间

监测时间宜从工作垫层施工后开始，路面施工后结束。

8.2.8 监测频率

8.2.8.1 高度超过路基极限填土高度的路段，路堤填筑期间监测频率不应低于 1 次/d，填筑后 3 个月内监测频率宜为 1 次/7 d，其后监测频率宜为 1 次/15 d。

8.2.8.2 其他路段路堤填筑期间监测频率宜为 1 次/3 d，路堤填筑后 3 个月内监测频率宜为 1 次/7 d，其后监测频率宜为 1 次/15 d。

8.2.8.3 路堤填筑间歇期可减少监测频率，但每层填土监测不应少于 2 次。

8.2.8.4 接近路堤稳定报警标准时应加密监测。

8.2.9 报警值

8.2.9.1 报警值应根据软土厚度与性质、软基处理方法、工程经验等因素综合确定。

8.2.9.2 对天然地基路堤、排水固结法路堤，可按表 19 确定水平位移速率报警值，可按表 20 确定沉降速率报警值。

表 19 水平位移速率报警值

单位为毫米每天

B_e m	不排水抗剪强度 kPa	
	10～20	20～35
≤15	5	4
>15	6	5
注：B_e为路堤底宽与顶宽的平均值的一半。		

表 20 沉降速率报警值

单位为毫米每天

z_s m	不排水抗剪强度 kPa	
	10～20	20～35
≤10	10	6
>10	15	10
注：z_s为软土厚度与 $2B_e$的小者。		

8.2.9.3 对天然地基、排水固结法路堤，孔隙水压力系数报警值可取 0.7～1.0。

8.2.9.4 对柔性桩复合地基、刚性桩复合地基路堤，桩间沉降报警值宜取路堤极限填土高度对应的天然地基沉降，可取 $2B_e$内软土层厚度的 1.5%。

8.2.9.5 边坡范围刚性桩曲率半径预警值宜按式(95)计算。

$$\rho_a = 1000 E_p I / M_u \tag{95}$$

式中：

ρ_a ——曲率半径预警标准，单位为米(m)；

E_p ——桩身弹性模量，单位为兆帕(MPa)；

I ——桩身横截面面积惯性矩，单位为四次方米(m^4)；

M_u——桩身极限抗弯承载力，单位为千牛米(kN·m)。

8.2.10 路堤稳定性评估方法

8.2.10.1 评估方法选择

当路堤荷载增加时，路堤稳定性评估宜采用表观法、报警值法、拐点法等；当路堤荷载不增加时，路堤稳定性评估宜采用表观法、趋势法等。

8.2.10.2 表观法

8.2.10.2.1 当根据裂缝、隆起等现象评估路堤稳定性时，应分析裂缝、隆起等现象的性质和原因。

8.2.10.2.2 可根据裂缝的位置、数量、间距、走向、宽度和长度等分析裂缝的性质和原因。

8.2.10.2.3 当因路堤稳定性差导致路堤开裂、隆起时，应对路堤稳定性进行危险报警。

8.2.10.3 报警值法

8.2.10.3.1 对排水固结法路堤、散体材料桩复合地基路堤，报警值法宜采用沉降速率、水平位移速率、孔隙水压力系数等指标；柔性桩复合地基路堤、刚性桩复合地基路堤宜采用桩间土沉降。当监测结果大于报警值时，应进行危险报警。

8.2.10.3.2　路堤停止加载后变形速率收敛不明显，当连续 2 d 的沉降速率或水平位移速率大于报警值的 60%或连续 3 d 的沉降速率或水平位移速率大于报警值的 40%时，应进行危险报警。

8.2.10.3.3　当沉降速率、水平位移速率接近报警值时，宜利用其他监测项目和方法综合分析，评估路堤稳定性。

8.2.10.3.4　边坡范围刚性桩根据水平位移-深度曲线的拟合方程按式(96)计算的最小曲率半径不大于式(95)计算值时宜报警。

$$\frac{1}{\rho}=\frac{\partial^2 v}{\partial z^2} \tag{96}$$

式中：

ρ——桩身曲率半径，单位为米(m)；

v——桩身位移，单位为米(m)；

z——深度，单位为米(m)。

8.2.10.4　拐点法

8.2.10.4.1　拐点法宜利用路堤荷载-瞬时沉降关系曲线、路堤荷载-水平位移关系曲线、路堤荷载-桩顶土压力曲线，当拐点不明显时可采用双对数曲线等。出现明显拐点时应进行危险报警。

8.2.10.4.2　路堤荷载应包括路堤沉降土方荷载。

8.2.10.4.3　瞬时沉降可由路堤填筑当天的沉降速率累加得到。

8.2.10.4.4　深层水平位移宜采用最大位移。

8.2.10.4.5　对排水固结法路堤，极限填土高度后的路堤荷载-瞬时沉降曲线或路堤荷载-位移曲线出现拐点，且拐点后斜率大于拐点前斜率的 2 倍时，应进行危险报警。

8.2.10.5　趋势法

8.2.10.5.1　当路堤荷载、周边条件不变，沉降、水平位移、孔隙水压力等与时间的关系曲线出现拐点，且拐点后斜率大于拐点前斜率的 2 倍时，宜进行危险报警。

8.2.10.5.2　当路堤荷载、周边条件不变，沉降速率、水平位移速率、孔隙水压力等连续 3 次增大时，宜进行危险报警。

8.2.10.6　综合评估

应利用监测断面上所有监测点的有效监测资料，并应根据各监测点的评估结果综合评估路堤稳定性。

8.2.11　工后沉降预测

8.2.11.1　工后沉降预测前应复测路堤顶面高程，并按式(97)计算沉降完成后的路堤高度。

$$H_p=H_t-S_p+S_t \tag{97}$$

式中：

H_p——沉降完成后的路堤高度，单位为米(m)；

H_t——t 时的路堤高度，单位为米(m)；

S_p——预压荷载对应的最终沉降，单位为米(m)；

S_t——t 时的沉降，单位为米(m)。

8.2.11.2　预压荷载对应的最终沉降宜采用双曲线法预测。

8.2.11.3　当竖向排水体打穿软土层时，工后沉降宜按式(98)计算。

$$S_{rTc}=\frac{S_d-S_t}{1-S_p/H_p} \tag{98}$$

$$S_d=S_pH_d/H_p \tag{99}$$

式中：

S_{rTc}——工后主固结沉降，单位为米(m)；

S_d ——设计荷载对应的沉降，单位为米(m)；

H_d ——将路面等效为填土的路堤设计高度，单位为米(m)。

8.2.11.4 对软土厚度超过 15 m 或下卧层软土厚度大于 3 m 的路堤，宜结合分层或深层沉降监测资料预测工后沉降

8.2.11.5 除根据监测资料推算工后主固结沉降外，还应按照式(100)计算工后次固结沉降。工后主固结沉降与工后次固结沉降之和不应大于容许工后沉降。

$$S_{rTs}=\sum\frac{C_{\alpha i}h_i}{1+e_{0i}}\lg\frac{t_{ci}+T_i}{t_{ci}} \tag{100}$$

式中：

S_{rTs}——工后次固结沉降，单位为厘米(cm)；

$C_{\alpha i}$ ——土层 i 的次固结系数，可取天然含水率的 0.018 倍或压缩指数的 0.022 倍；

h_i ——土层 i 的厚度，单位为厘米(cm)；

e_{0i} ——土层 i 的天然孔隙比；

t_{ci} ——土层 i 主固结完成需要的时间，单位为天(d)；

T_i ——土层 i 主固结完到路面设计使用年限末的时间，单位为天(d)。

8.3 工后监控

8.3.1 方案设计内容

工后监控方案设计应包括监测断面、监测项目、测点布置、监测要求、监测时间、监测频率、预警标准等。

8.3.2 工后监控断面

8.3.2.1 工后监测断面应根据施工期监控成果、现场条件变化等因素确定。

8.3.2.2 以下存在路堤稳定性风险的路段宜设置工后监测断面：

a) 建设期水平位移超过 0.5 m 的路段；

b) 建设期水平位移未收敛的路段；

c) 运营期出现疑似稳定性裂缝的路段；

d) 运营期路堤附近进行鱼塘加深、新增鱼塘、埋设管线、施工基础或地下室、可能塌孔的钻孔等开挖作业的路段；

e) 因路堤稳定性而进行病害处治，且其处治效果需要验证的路段；

f) 其他可能存在路堤稳定性风险的路段。

8.3.2.3 存在路堤稳定性风险的路段，监测断面间距不宜大于 50 m，且每段不宜少于 1 个监测断面。

8.3.2.4 以下存在工后沉降超标风险的路段宜设置工后监测断面：

a) 建设期沉降超过 3 m 的路段；

b) 建设期预测工后沉降超标的路段；

c) 运营期出现的工后沉降过大路段；

d) 运营期出现横向裂缝、其他疑似差异沉降导致的裂缝的路段；

e） 运营期路堤附近进行堆载、降水等作业的路段；

f） 因预测工后沉降过大而进行病害处治，且其处治效果需要验证的路段。

8.3.2.5 对存在工后沉降超标风险的桥头、涵洞路段，监测断面间距宜为 10 m～15 m，且每段不宜少于 2 个断面。对存在工后沉降超标风险的一般路段，监测断面间距宜为 30 m～50 m，且每段不宜少于 1 个断面。对建设期预测工后沉降满足要求，但需要为竣工验收提供工后沉降验证资料的路段，每个桥头路堤、涵洞监测断面不应少于 1 个断面，一般路段监测断面监测断面间距宜为 100 m～200 m。

8.3.2.6 对存在路堤稳定性风险的路段，监测断面间距宜为 30 m～50 m，且每段不宜少于 1 个断面。

8.3.3 监测项目选择

8.3.3.1 存在路堤稳定性风险的路段应监测路堤沉降和水平位移。

8.3.3.2 存在工后沉降超标风险的路段应监测路堤沉降，桥头路段尚应监测桥台位移。

8.3.3.3 裂缝主要监测错台、宽度和长度等。

8.3.4 测点设置

8.3.4.1 沉降测点宜设置在路肩附近。

8.3.4.2 水平位移测点宜设置在存在稳定性风险的路基的坡脚附近。有条件时宜利用建设期的水平位移监测点。

8.3.4.3 裂缝错台、宽度监测点间距宜为 10 m～15 m，且每条裂缝不宜少于 2 点。

8.3.5 巡查

路基附近水塘干塘、清淤时，应加强巡查。

8.3.6 监测时间

8.3.6.1 存在稳定性风险的路段宜监测至路基评估为稳定为止。

8.3.6.2 存在工后沉降超标风险的路段宜监测至半年沉降增量小于 20 mm 或者预测工后沉降小于容许工后沉降为止。

8.3.6.3 对因工后沉降病害、路堤稳定性病害而进行处治的路段，监测时间不宜小于 6 个月。

8.3.7 监测频率

8.3.7.1 存在稳定性风险的路段，监测频率宜根据稳定状态确定，出现报警条件时每天监测次数不宜少于 1 次。

8.3.7.2 路堤工后沉降超标的路段，通车半年内宜每月监测 1 次，半年后宜每个季度监测 1 次。

8.3.7.3 路堤附近进行开挖作业时，每天监测次数不宜少于 2 次，其他时间宜 1 d～3 d 监测 1 次。

8.3.7.4 路堤附近进行堆载、降水作业时每天监测次数不宜少于 1 次，其他时间宜 2 d～7 d 监测 1 次。

8.3.8 预警标准

出现下列情况之一时，应对路堤稳定性进行报警：

a） 路堤出现弧形或斜向裂缝；

b） 路堤外侧出现隆起现象；

c） 沉降或水平位移加速发展。

附　录　A
（规范性）
路堤刚性桩弯矩计算简易方法

A.1　刚性桩受力和位移假设

假设路堤中线附近桩身水平位移为0，坡脚附近桩身水平位移最大，其他位置的桩身水平位移由路堤坡脚至路堤中线线性变化。桩身受力和位移可简化为图A.1，δ宜取0.3，β宜取0.0～0.3。坡脚刚性桩v_m可按式(A.1)计算。

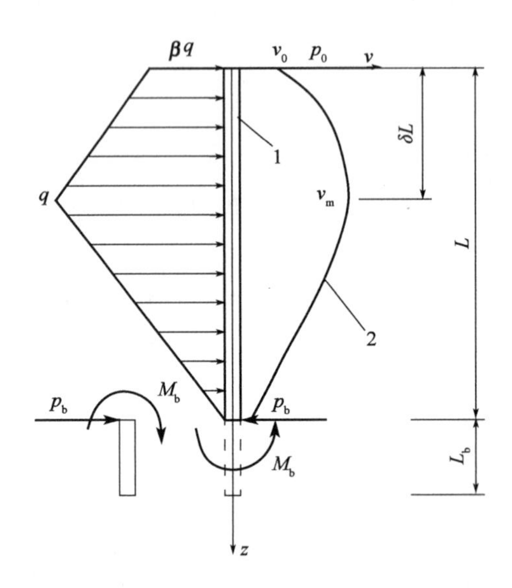

图A.1　桩的受力和挠度

1-桩；2-挠曲线

$$v_m=\frac{4S_{cs}(m_s-1)W_b}{3L} \tag{A.1}$$

式中：

v_m ——刚性桩最大水平位移，单位为毫米(mm)；

S_{cs} ——软土层底面以上地基固结沉降，单位为毫米(mm)；

m_s ——沉降修正系数；

W_b ——路堤底面宽度，单位为米(m)；

L ——软土层底面以上桩长，单位为米(m)。

A.2　桩身最大荷载集度与软土层底面弯矩

桩身最大水平荷载集度和软土层底面桩身弯矩可采用式(A.2)和式(A.3)计算。

$$q=\frac{b_2v_m}{a_1b_2-a_2b_1} \tag{A.2}$$

$$M_b=\frac{a_2v_m}{a_2b_1-a_1b_2} \tag{A.3}$$

$$a_1=\frac{L^4(-7+15\delta+10\delta^2-10\beta\delta^2-50\delta^3+40\beta\delta^3+45\delta^4-60\beta\delta^4-13\delta^5+40\beta\delta^5-10\beta\delta^6)}{360E_pI(1-\delta)}+\frac{L(1+\delta+\beta\delta^2)}{6}\times[\delta_{vP}+\delta_{\theta P}L(1-\delta)] \tag{A.4}$$

$$b_1=\frac{L^2(2-3\delta+\delta^3)}{6E_pI}+\frac{\delta_{vP}+\delta_{vM}L+\delta_{\theta P}L(1-\delta)+\delta_{\theta M}L^2(1-\delta)}{L} \tag{A.5}$$

$$a_2=\frac{L^3(1-6\delta^2+2\beta\delta^2+8\delta^3-6\beta\delta^3-3\delta^4+6\beta\delta^4-2\beta\delta^5)}{24E_pI(1-\delta)}-\delta_{\theta P}\frac{L(1+\delta+\beta\delta^2)}{6} \tag{A.6}$$

$$b_2=\frac{L(\delta^2-1)}{2E_pI}-\frac{\delta_{\theta P}+\delta_{\theta M}L}{L} \tag{A.7}$$

$$\delta_{vP}=\frac{1}{\alpha^3E_pI}\frac{[B_3(L_b)D_4(L_b)-B_4(L_b)D_3(L_b)]+K_h[B_2(L_b)D_4(L_b)-B_4(L_b)D_2(L_b)]}{[A_3(L_b)B_4(L_b)-A_4(L_b)B_3(L_b)]+K_h[A_2(L_b)B_4(L_b)-A_4(L_b)B_2(L_b)]} \tag{A.8}$$

$$\delta_{\theta P}=\delta_{vM}=\frac{1}{\alpha^2E_pI}\frac{[A_3(L_b)D_4(L_b)-A_4(L_b)D_3(L_b)]+K_h[A_2(L_b)D_4(L_b)-A_4(L_b)D_2(L_b)]}{[A_3(L_b)B_4(L_b)-A_4(L_b)B_3(L_b)]+K_h[A_2(L_b)B_4(L_b)-A_4(L_b)B_2(L_b)]} \tag{A.9}$$

$$\delta_{\theta M}=\frac{1}{\alpha E_pI}\frac{[A_3(L_b)C_4(L_b)-A_4(L_b)C_3(L_b)]+K_h[A_2(L_b)C_4(L_b)-A_4(L_b)C_2(L_b)]}{[A_3(L_b)B_4(L_b)-A_4(L_b)B_3(L_b)]+K_h[A_2(L_b)B_4(L_b)-A_4(L_b)B_2(L_b)]} \tag{A.10}$$

$$A_2(z)=\sum_{i=1}^{\infty}(-1)^i\frac{\prod_{j=1}^{i}(5j-4)}{(5i-1)!}(\alpha z)^{5i-1} \tag{A.11}$$

$$B_2(z)=1+\sum_{i=1}^{\infty}(-1)^i\frac{\prod_{j=1}^{i}(5j-3)}{(5i)!}(\alpha z)^{5i} \tag{A.12}$$

$$C_2(z)=\alpha z+\sum_{i=1}^{\infty}(-1)^i\frac{\prod_{j=1}^{i}(5j-2)}{(5i+1)!}(\alpha z)^{5i+1} \tag{A.13}$$

$$D_2(z)=\frac{1}{2!}(\alpha z)^2+\sum_{i=1}^{\infty}(-1)^i\frac{\prod_{j=1}^{i}(5j-1)}{(5i+2)!}(\alpha z)^{5i+2} \tag{A.14}$$

$$A_3(z)=\sum_{i=1}^{\infty}(-1)^i\frac{\prod_{j=1}^{i}(5j-4)}{(5i-2)!}(\alpha z)^{5i-2} \tag{A.15}$$

$$B_3(z)=\sum_{i=1}^{\infty}(-1)^i\frac{\prod_{j=1}^{i}(5j-3)}{(5i-1)!}(\alpha z)^{5i-1} \tag{A.16}$$

$$C_3(z)=1+\sum_{i=1}^{\infty}(-1)^i\frac{\prod_{j=1}^{i}(5j-2)}{(5i)!}(\alpha z)^{5i} \tag{A.17}$$

$$D_3(z)=\alpha z+\sum_{i=1}^{\infty}(-1)^i\frac{\prod_{j=1}^{i}(5j-1)}{(5i+1)!}(\alpha z)^{5i+1} \tag{A.18}$$

$$A_4(z)=\sum_{i=1}^{\infty}(-1)^i\frac{\prod_{j=1}^{i}(5j-4)}{(5i-3)!}(\alpha z)^{5i-3} \tag{A.19}$$

$$B_4(z)=\sum_{i=1}^{\infty}(-1)^i\frac{\prod_{j=1}^{i}(5j-3)}{(5i-2)!}(\alpha z)^{5i-2} \tag{A.20}$$

$$C_4(z)=\sum_{i=1}^{\infty}(-1)^i\frac{\prod_{j=1}^{i}(5j-4)}{(5i-1)!}(\alpha z)^{5i-1} \tag{A.21}$$

$$D_4(z)=1+\sum_{i=1}^{\infty}(-1)^i\frac{i\prod_{j=1}^{i}(5j-1)}{(5i)!}(\alpha z)^{5i} \tag{A.22}$$

$$\alpha=\sqrt[5]{\frac{m_b b_0}{E_p I}} \tag{A.23}$$

$$b_0=0.9(1.5d+0.5) \tag{A.24}$$

$$K_h=\frac{m_b(L+L_b)}{\alpha E} \tag{A.25}$$

式中：

b_0 ——桩的计算宽度，单位为米(m)；

d ——桩径，单位为米(m)；

E_p——桩身材料弹性模量，单位为千帕(kPa)；

I ——桩身横截面惯性矩，单位为四次方米(m^4)；

m_b——硬土层水平地基系数的加权平均比例系数，单位为千帕每平方米(kPa/m^2)。

A.3 桩顶力和软土层底面剪力

桩顶集中力和软土层底面桩身剪力可采用式(A.26)和式(A.27)计算。

$$P_0=\frac{qL(2-\delta+3\beta\delta-\beta\delta^2)}{6}-\frac{M_b}{L} \tag{A.26}$$

$$P_h=\frac{qL(1+\delta+\beta\delta^2)}{6}+\frac{M_b}{L} \tag{A.27}$$

式中：

P_0——桩间土对桩顶端附近的阻力的简化集中力，单位为千牛(kN)；

P_h——软土层底面以下桩段对上部桩段的水平力，单位为千牛(kN)。

A.4 桩身弯矩

$z\leqslant\delta L$ 时，桩身弯矩采用式(A.28)计算；$z\geqslant\delta L$ 时，桩身弯矩采用式(A.29)计算；硬土层中桩身弯矩采用式(A.30)计算。

$$M=P_0 z-\frac{1}{2}\beta q z^2-\frac{1}{6\delta L}(1-\beta)q z^3 \tag{A.28}$$

$$M=P_0 z-\frac{1}{2}\beta q\delta^2 L^2-\frac{1}{6}(1-\beta)q\delta^2 L^2-\frac{1}{2}(1+\beta)q\delta L(z-\delta L)-\frac{1}{2}q(z-\delta L)^2+\frac{q(z-\delta L)^3}{6(L-\delta L)} \tag{A.29}$$

$$M=\alpha^2 E_p I(\delta_{vp}P_b+\delta_{vM}M_b)A_3(z-L)-\alpha E_p I(\delta_{\theta p}P_b+\delta_{\theta M}M_b)B_3(z-L)+M_b C_3(z-L)+\frac{P_h}{\alpha}D_3(z-L) \tag{A.30}$$

$$A_1(z)=1+\sum_{i=1}^{\infty}(-1)^i\frac{\prod_{j=1}^{i}(5j-4)}{(5i)!}(\alpha z)^{5i} \tag{A.31}$$

$$B_1(z)=\alpha z+\sum_{i=1}^{\infty}(-1)^i\frac{\prod_{j=1}^{i}(5j-3)}{(5i+1)!}(\alpha z)^{5i+1} \tag{A.32}$$

$$C_1(z)=\frac{1}{2!}(\alpha z)^2+\sum_{i=1}^{\infty}(-1)^i\frac{\prod_{j=1}^{i}(5j-2)}{(5i+2)!}(\alpha z)^{5i+2} \tag{A.33}$$

$$D_1(z)=\frac{1}{3!}(\alpha z)^3+\sum_{i=1}^{\infty}(-1)^i\frac{\prod_{j=1}^{i}(5j-1)}{(5i+3)!}(\alpha z)^{5i+3} \tag{A.34}$$

本文件用词说明

1　为便于在执行本文件条文时区别对待，对于要求严格程度不同的词说明如下：

1）　表示很严格，非这样做不可的：

正面词采用“必须”；反面词采用“严禁”。

2）　表示严格，在正常情况下均应这样做的：

正面词采用“应”；反面词采用“不应”或“不得”。

3）　表示允许稍有选择，在条件许可时首先应这样做的：

正面词采用“宜”；反面词采用“不宜”；

4）　表示有选择，在一定条件下可以这样做的，采用“可”。

2　规定中指明应按其他有关文件、规范执行的写法为：“应按……执行”或“应符合……的规定或要求”。

参 考 文 献

[1] GB/T 1.1—2020 标准化工作导则 第1部分:标准化文件的结构和起草规则
[2] GB 50011 建筑抗震设计规范
[3] GB/T 50783 复合地基技术规范
[4] GB/T 51275 软土地基路基监控标准
[5] BS 8006-1:2010 Code of practice for strengthened/reinforced soils and other fills
[6] TB 10106—2010 铁路工程地基处理技术规程
[7] JTG 3362—2018 公路钢筋混凝土及预应力混凝土桥涵设计规范结构设计规范
[8] JTG 3363—2019 公路桥涵地基与基础设计规范
[9] JTG B02 公路工程抗震规范
[10] JTG/T D31-02—2013 公路软土地基路堤设计与施工技术细则
[11] JTG/T L11—2014 高速公路改扩建设计细则
[12] JGJ 46—2012 施工现场临时用电安全技术规范
[13] JGJ 79—2012 建筑地基处理技术规范
[14] JGJ 94—2008 建筑桩基技术规范
[15] JGJ/T 406 预应力混凝土管桩技术标准
[16] 2011 电力设施保护条例实施细则
[17] 2011 电力设施保护条例
[18] 日本道路协会编,蔡恩捷译.1989 软土地基处理技术指南
[19] 日本道路工团试验研究所. FCB工法设计与施工指南

附件

《公路路堤软基处理技术标准》

（DB44/T 2418—2023）

条 文 说 明

3 术语和定义

3.1 工后沉降

JTG/T D31-02-2013《公路软土地基路堤设计与施工技术细则》中工后沉降起算时间为竣工验收。如果工后沉降从竣工验收起算，可能导致排水固结路堤填筑完毕后直接铺筑路面并通车也能满足规范要求的不合理现象。我国工程实践中工后沉降均从交工验收起算，日本规定工后沉降为铺筑路面后三年内的沉降，其他国家通常也从通车时起算。因此，本文件将工后沉降起算时间定为交工验收。

3.3 蘑菇路

蘑菇路有时也称为波浪路，是复合地基桩土差异沉降引起路面凹凸不平的道路。当刚性桩桩(帽)顶面与路床顶面之间填土厚度较小时，极易出现这种现象。地基中存在填土层时，搅拌桩复合地基低路堤也可能出现蘑菇路现象。为引起设计人员重视并便于表述该现象，增加蘑菇路术语。

3.11 刚性桩

刚性桩尚无统一的定义，现行标准中有的以桩身强度大小定义刚性桩，有的以弹性模量大小定义刚性桩，也有定性描述的，差别较大。由于刚性桩桩身强度大，土抗力提供的刚性桩竖向极限承载力通常小于桩身强度控制的竖向极限承载力，往往根据土抗力提供的承载力设计桩身强度，复合地基破坏过程通常是刚性桩克服土抗力先发生桩底刺入破坏，然后桩间土绕流滑动，桩体与桩间土可以共同达到极限承载力；柔性桩土抗力提供的竖向极限承载力通常大于桩身强度控制的竖向极限承载力，即使桩身范围出现等沉面，复合地基破坏过程通常是桩身先压碎，而且桩身压碎时多是出现竖向裂缝而变成“砂桩”。复合地基承载力为桩身压碎时的路基荷载集度，桩土不能共同达到极限承载力。因此，从便于操作的角度，刚性桩定义为竖向承载力不受桩身强度控制的桩。

4 基本规定

4.2 稳定分析

4.2.1 软基路堤滑动破坏模式较多。排水固结路堤通常发生圆弧滑动，软土深度较小时可能发生水平滑动破坏，加筋较强、软土深度较小时可能因软土地基承载力不足而发生软土挤出滑动；柔性桩复合地基路堤可能因桩身压碎而破坏，改沟、涵洞基坑开挖可能导致柔性桩复合地基发生受弯破坏；刚性桩复合地基路堤可能发生桩间软土绕流滑动破坏、桩土剪切滑动破坏，改沟、涵洞基坑开挖可能导致刚性桩复合地基发生受弯破坏等。为保证路堤稳定，应对各种可能的滑动模式进行稳定分析。

4.2.2 不同破坏模式对应的安全系数不完全相同，不同的软基分析方法、不同的参数类型对应的安全系数也不同。

4.3 容许工后沉降、容许沉降与容许工后差异沉降率

4.3.1 现行规范只规定了涵洞、通道的工后沉降，未规定总沉降。当涵洞、通道工后沉降满足要求，总沉降较大时，容易导致涵洞、通道出现错台等病害，影响其美观和使用。因此，本文件增加了涵洞、通道总沉降的要求。根据日本道路协会《道路土工软土地基处理技术指南》，本文件规定的总沉降不会导致涵洞、通道结构自身的损坏。

4.3.2 一级公路拼宽路基容许工后沉降参照 JTG/T L11—2014《高速公路改扩建设计细则》。考虑工程重要性、工程造价等因素，二级干线公路拼宽路基容许工后沉降按照新建高速公路、一级公路的容许

工后沉降标准。

限制拼宽路基容许工后沉降、既有路基横坡变化的主要目的是减少差异沉降对路面的损害。不同路面类型和结构适应的差异沉降的不同。另外，工程实践表明，既有路基拼宽很难完全避免纵向裂缝的出现，但是通过加强运营养护可以维持公路使用功能。通常需要根据路面情况、运营养护模式、公路等级、交通荷载等合理选择拼宽路基容许工后沉降、既有路基横坡变化。

4.3.3 收费广场通常采用混凝土路面，软基路段收费棚均采用桩基础，收费广场沉降较大易导致路面开裂，甚至影响收费称重系统、车辆检测感应系统等。

4.3.4 为了避免路肩挡土墙与墙后路基差异沉降导致路面开裂，避免挡土墙倾斜或错台过大，对路肩挡土墙施工后墙后路基的沉降进行了规定。

4.3.5 泡沫轻质土属于脆性材料，抗拉应变非常小，因此轻质土路堤对不均匀沉降适应性差。轻质土路堤开裂后极易在路面产生反射裂缝或导致护壁开裂，且修复难度大，因此限制轻质土路堤的差异沉降。轻质土路堤差异沉降很难计算，因此本文件限制轻质土路堤总沉降。工程实践表明，轻质土路堤沉降超过 150 mm 就可能开裂。因此，泡沫轻质土路堤沉降不宜大于 100 mm。本条文中泡沫轻质土路堤沉降是指泡沫轻质土路堤施工后的沉降。

4.4 方案比选

4.4.1.2 广东省水塘、沟渠遍布，勘察孔通常布置在塘埂、河岸上，地基浅层存在填土、粉质黏土等硬壳层。如果单纯按照勘察孔资料，软土底面深度可能 5 m～7 m，需要采用深层软基处理；如果从塘底、河底起算，软土深度可能只有 3 m～5 m，只需要垫层预压、渗沟预压、换填、就地固化等浅层处理方法。

4.4.2.2 工程实践表明，排水固结法是一种经济、可靠、耐久、环保的软基处理方法，也是一种对附近环境变化适应性强的韧性地基处理方法。广州—珠海高速公路、中山—江门高速公路等项目软基深厚，包括桥头、涵洞的全线软基均采用排水固结法处理，地基处理效果良好。因此，建议方案比选时优先考虑排水固结法。

4.4.2.3 新近填土较厚的软基路段、软土欠固结程度较大的路段存在较大的未完成沉降，采用复合地基可能导致工后沉降超标、桩帽下脱空等现象，低路堤还可能形成蘑菇路，因此建议采用排水固结法。采用复合地基时，与排水固结联合应用可以在施工期完成大部分沉降，从而避免或减少上述病害。复合地基与排水固结联合应用通常有两种方法：先排水固结后复合地基、排水固结与复合地基同时预压。

4.5 施工要求

4.5.4 工程实践表明，软基处理、路堤碾压偷工减料是导致软基处理质量不理想的主要因素。按照现有技术水平，可以实现对软基处理、路堤碾压施工信息的采集和实时上传功能，从而减少偷工减料现象。

5 软土地基勘察

5.1 一般规定

5.1.1 按照 JTG C20—2011《公路工程地质勘察规范》、GB50021—2001《岩土工程勘察规范》，土分为碎石土、砂土、粉土、黏性土，其中黏性土为塑性指数大于 10 的土，分为粉质黏土和黏土。而 JTG/T D31—02《公路软土地基路堤设计与施工技术细则》将软土分为黏质土、有机质土、粉质土。为了和现行勘察规范协调一致，本文件将软土限制在黏性土范围。

直接快剪内摩擦角实测值受软土扰动程度影响大，可靠性低。工程实践表明，标准贯入试验击数与静力触探、十字板试验结果经常不匹配。因此，不将快剪内摩擦角、标准贯入试验击数作为软土鉴别的指标。

5.2 平原、三角洲软土地基勘察

5.2.2.1 公路沿线地质变化大，路基勘察孔间距过大会导致大量的工程变更，甚至导致路基滑塌、工后沉降过大。适当加密勘察孔是预防此类事情的有效手段，欧美指南规定勘察孔最密为 20 m～30 m。图 1 对 50 段滑塌路堤统计表明，大部分滑塌路段长度为 50 m～180 m，因此，为避免路堤滑塌，对超过路基极限填土高度的路段建议勘察孔间距不大于 50 m。

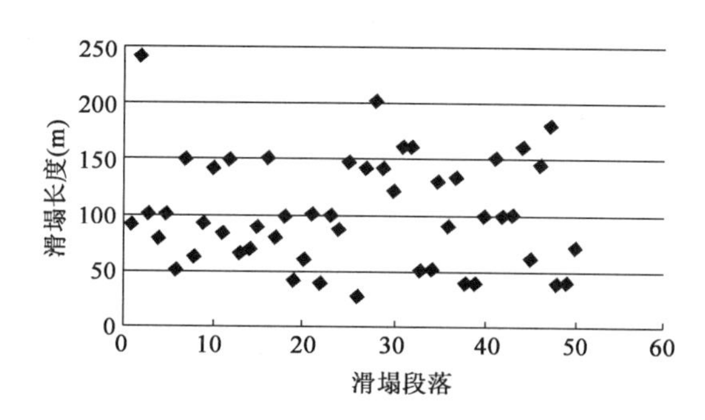

图 1 滑塌路堤长度统计

5.2.3.1 工程实践表明，由于土样扰动等原因，根据土工试验资料得到的软土强度严重偏低，不利于软基路堤设计。静力触探、十字板试验等揭示的软土强度、分层厚度等与实际情况较接近，且费用较低。因此，对路基高度超过路基极限填土高度的路段建议静力触探、十字板试验孔占勘察孔的比例不少于 50%。

5.2.6.1 本文件对采用复合地基的软基也要求测试软土的固结系数，其主要原因为：广东水塘遍布，雨季时间长，实际工程中复合地基的工作垫层较厚，导致复合地基沉降较大。为计算复合地基工后沉降，需要测试固结系数。

本文件未要求测试软土的渗透系数，其主要原因为：固结系数可以在测试 e-p 曲线、压缩模量或压缩指数时得到，不需要另外增加试验项目；工程实践表明，利用渗透系数、压缩模量计算得到的固结系数往往偏大。不考虑井阻、涂抹效应时，固结计算不需要渗透系数，且渗透系数可由固结系数和压缩模量按式(1)计算得到

$$k_h = 10^{-5}\frac{C_h \gamma_w}{E_s} \tag{1}$$

式中：

k_h——竖向渗透系数，单位为厘米每秒(cm/s)；

C_h——竖向固结系数，单位为平方厘米每秒(cm^2/s)；

γ_w——水重度，单位为千牛每立方米(kN/m^3)；

E_s——压缩模量，单位为兆帕(MPa)。

5.2.6.3 工程实践表明，路基高度较大时，不属于软土的黏土、粉质黏土下卧层产生的工后沉降往往占了较大比例，且可能产生稳定问题，因此，对上述位置处的不属于软土的黏土和粉质黏土，也测试对路堤稳定、沉降和固结有影响的物理力学指标。

5.2.6.4 对软土进行直接快剪试验的目的是测试软土的原位抗剪强度。钻孔取土、运输、制样过程对土体结构扰动较大，导致根据直接快剪指标得到软土原位抗剪强度严重偏低，计算得到的路堤稳定安全系数与工程实际差别较大。为克服上述缺点，建议根据固结试验测定软土的前期固结压力，在前期固结压力下固结后再进行快剪。

5.2.7 大量工程实践表明，勘察设计阶段有不少勘察孔难以实施，需要在征地拆迁完成，甚至施工便道完成后方可实施。未完成的勘察孔可能影响软基处理设计参数甚至设计方案，因此应在软基处理正式施工前完成。

6 软基处理方法

软土地基中的砂石桩桩土应力比受桩身内摩擦角和桩间土抗剪强度的制约，桩土应力比通常小于4。对于10%～25%的常规置换率，砂石桩减沉率为23%～43%，减沉效果有限。广州—珠海东线高速公路灵山试验段10 cm～15 cm粒径的振冲碎石桩置换率为49%时，减沉率约为58%。由于砂石桩减沉效果有限，且需要较长的预压期，在广东省公路软黏土地基处理中很少应用。砂石桩多用于处理可液化地基，本文件针对软土地基，不涉及可液化地基的处理。因此，本文件未涉及砂石桩。

6.1 一般规定

6.1.1.3 软基桥台位移现象较普遍，其中一个重要原因是桥头路堤纵向稳定安全系数不足。提高桥头路堤纵向稳定安全系数有利于减少桥台推移。

6.1.1.4 深厚软土地基中有些填土可能已经填筑5～6年甚至更长时间，其自身的湿陷沉降可能已经完成，但是其导致深厚软基的沉降还没完成。广州—中山—江门高速公路龙溪互通某匝道管桩复合地基沉降计算时未考虑地基中较厚填土荷载的影响，通车后4年产生的工后沉降接近700 mm。因此，深厚软土层中存在填土时，路基沉降计算应考虑地基中填土荷载对应的未完成沉降。

6.1.2.1 广东省水塘遍布、雨季时间长。雨季软基处理施工时，为避免积水影响施工，通常需要将水塘填平后再施工，塘埂以下路堤填土厚度可能占到路堤高度的1/3～1/2。因此确定软基处理深度、软基处理工程量时需要将水塘深度考虑进去，以免导致软基处理深度或设计工程量不足。对于刚性桩复合地基路堤，稳定分析、沉降计算时也应考虑桩帽以下填土的影响。

6.1.2.2 水塘填平后再进行地基处理时，大部分塘底浮泥、流泥与将填平水塘的填土混合，可以看作软基的组成部分，只有很少部分被挤到路堤坡脚处。因此，不必对塘底浮泥、流泥专门清除，形成不必要的弃土。

6.1.3.1 软基处理平面图、纵断面图有利于理解软基处理平面范围、软基处理深度与软基深度的关系、不同软基处理方法之间的衔接关系、软基处理与结构物之间的关系等。部分设计文件缺少软基处理平面图、纵断面图，不利于设计审查、施工。

6.1.4.7 大部分浆喷搅拌桩施工时返浆较多，导致地面泥浆较多，极易污染排水垫层和竖向排水体。如施工排水垫层和竖向排水体，并在排水垫层上填一定厚度的路堤土后再施工搅拌桩，搅拌桩机易被竖向排水体缠绕。因此，浆喷搅拌桩与排水固结联合应用时，建议先施工搅拌桩，再施工排水垫层和竖向排水体。

粉喷搅拌桩与排水固结联合应用时，先施工排水体有利于增加预压时间、减少粉喷搅拌桩施工造成的挤土效应，并可利用排水体和粉喷搅拌桩施工时的气体压力加强排水固结。

6.2 排水固结法

6.2.1.1 排水固结法会导致路堤附近一定范围内产生不均匀沉降和水平位移，因而应对排水固结路堤的影响范围和影响程度进行评估，必要时采取防治措施。排水固结路堤影响范围与软基深度、处理方案等都有关系，影响程度与建(构)筑物类型有关。根据日本道路协会《道路土工软土地基处理技术指南》，路堤坡脚外地面产生沉降的宽度与软土厚度接近，滑塌或即将滑塌的路堤坡脚外水平位移影响宽度与软土厚度的比值见正文中的表5。

6.2.1.2 相对堆载预压，真空联合堆载预压的影响范围更大，还会导致路堤附近地面出现开裂。深圳河治理二期工程距离真空预压区8 m处最大侧向位移达335 mm，影响范围达40 m。南沙港真空预压工程距离真空预压区30 m处水平位移和沉降都较明显。京珠高速公路广珠北段真空联合堆载预压路段坡脚沉降1.1 m～1.5 m，导致距离路堤坡脚10 m范围的水稻由于长期积水而枯萎。

6.2.1.4 软土固结快剪、固结不排水剪切的内摩擦角通常为12°～17°，因此排水固结法存在相应的路基极限高度，存在与容许稳定安全系数相应的适用路堤高度。建设工期较短时，排水固结适用高度还与容许工后沉降有关。

真空联合堆载预压中真空荷载属于超载预压的范畴，真空预压减少工后沉降的效果较明显。真空预压提高排水固结路堤适用高度的作用与软土的厚度、压缩性等有关，软土深厚、压缩性大时，提高路堤适用高度的作用较小。

真空预压用于路堤工程有以下两种情况：

a) 卸真空时地基各处的有效附加应力均小于堆载对应的附加应力。该种情况下，地基最终沉降等于堆载对应的最终沉降，地基土最终抗剪强度增量等于堆载对应的最终抗剪强度增量，真空预压的作用是缩短工期，对路堤最终稳定性没有作用。

b) 卸真空时地基部分区域有效附加应力大于堆载对应的附加应力。该种情况下，有效附加应力大于堆载对应的附加应力，区域压缩量大于堆载对应的最终压缩量，抗剪强度增量大于堆载对应的最终强度增量，真空预压的作用是提高路堤最终稳定性，减小工后沉降。

对于第二种情况，由于真空联合堆载预压相对堆载预压增加了沉降土方荷载，因此真空联合堆载预压路堤适用高度与堆载预压路堤适用高度差别不大。对厚度大的超软土地基，真空联合堆载预压路堤适用高度可能与堆载预压路堤适用高度接近。

6.2.1.5 排水固结法按照排水体种类分为直接预压法、垫层预压法、渗沟预压法、竖井预压法等。

地基中软土层较薄、软土层与沙砾层互层时，可以采用直接预压法，不需设置水平和竖向排水体。

近几年，竖向排水体施工设备能力得到较大提高，施工深度可以达到30 m。广珠西线高速公路等工程实践和理论分析均表明，适当缩小间距、加大竖向排水体通水量，一般路段排水固结法适用深度可以增大至30 m。

降水法通过降低砂层中水位，将砂土浮重度变为湿重度，从而增大软土荷载。因此降水法适用于软土地基上部、地下水位以下中存在砂层的路段。降水通常采用井点、深井等。为避免对附近建(构)筑物的影响，需要设置帷幕。降水法在国内和日本均有应用。

6.2.3.3 广东沿海地区的软土以海相沉积的空架结构为主，其灵敏度 S_t 一般为3～6，个别地区高达7～9，软土受扰动后抗剪强度降低显著。深圳—汕头高速公路软土地基试验段淤泥灵敏度 $S_t=3.8$～6.6，竖向排水体施工后十字板抗剪强度约为天然地基的43%～67%，省内部分软基路堤袋装砂井还未打完就产生路堤滑塌。因此，工作垫层与排水垫层厚度之和大于地基极限填土高度的0.5倍时可能导致软基处理时出现滑塌事故。

6.2.4.1 水平排水层限制碎石粒径的主要目的是降低竖向排水体的施工难度。

6.2.4.2 碎石垫层厚度小于砂垫层厚度，其主要原因一方面是碎石渗透性好于中粗砂；另一方面是为了降低竖向排水体的施工难度。

6.2.4.3 砂垫层顶部边缘铺设无纺土工布的主要目的是减少水流对砂垫层的冲刷，减少泥水对砂垫层的污染；碎石垫层顶面铺设土工布的主要目的是避免路堤填土、泥水等进入排水垫层，导致其渗透性降低。

6.2.4.4 沿海地区砂石料日益紧缺，采用无砂排水垫层有利于降低工程造价。目前，常用的无砂排水垫层有复合排水垫、排水板、排水管(图2)等。

6.2.4.5 调查发现不少滑塌路堤的排水垫层被掩埋，证实了确保排水体排水顺畅的重要性。路堤超宽填筑、坡面冲刷、坡脚沉降等均可能导致排水垫层被掩埋，排水垫层设计宽度应同时考虑以上几种因素，根据图3可得正文中的式(6)。

6.2.5.2 目前工程中除了广泛应用的塑料排水板外，还有秸秆排水板、棕丝排水板等可降解排水板，因此本文件统称排水板。

袋装砂井的缺点是施工效率低、需要人工多、井阻大。优点是穿透硬土层的能力强、偷工减料难度大、冲水拔袋法检测可靠性高。因此，部分地区仍在应用袋装砂井。

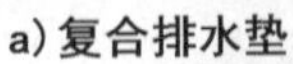

a) 复合排水垫

b) 排水板

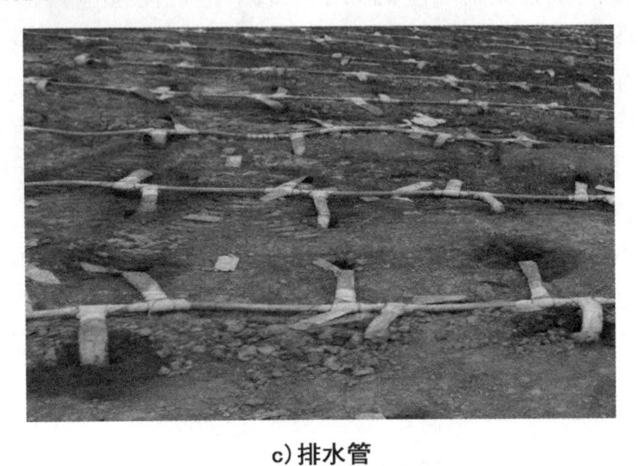

c) 排水管

图 2　无砂排水垫层类型

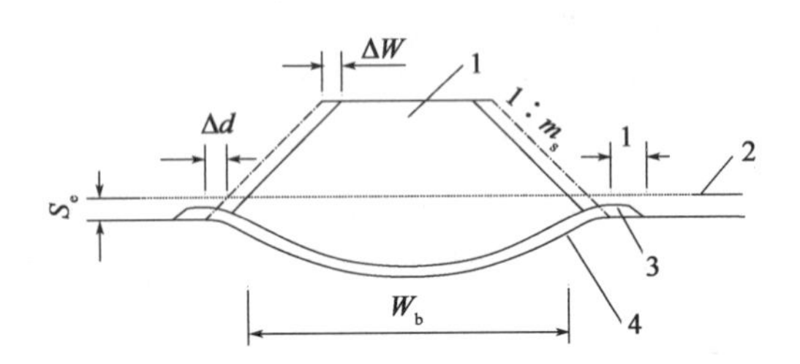

图 3　坡脚沉降导致排水垫层加宽示意

1-路堤;2-地表面;3-排水垫层;4-沉降盆曲线

6.2.5.4　可测深排水板有带刻度排水板、测电阻排水板、可拔出金属丝排水板(图 4)等。珠海鹤岗高速公路等项目的工程实践表明,可拔出金属丝排水板检测排水板打设深度简单易行。

图 4　可拔出金属丝排水板

既有路基拼宽工程表明，既有路基中的袋装砂井、塑料排水板仍然较新鲜和完整，保持较好的排水性能。从理论上讲，竖向排水体在通车后丧失排水性能对减少深厚软基的工后沉降是有利于的，对避免工后沉降发展过快也是有利的。因此，采用可降解排水板不但可以利用秸秆、棕丝等固废，而且对路基运营养护有利。

6.2.5.7 与排水渗沟不同，用于软基的渗沟主要作用是促进渗沟之间软土的排水固结。渗沟进入软土层深度较浅时，下卧软土层固结度增长较慢，渗沟需要采用较小的间距；渗沟穿透软土层时，可采用较大的间距。

6.2.5.8 公路路堤荷载宽度及集度大，影响深度通常大于 50 m。广珠东线工后分层沉降监测表明，下卧软土层是产生工后沉降的主要地层，因此应根据路堤稳定分析、工后沉降计算确定竖向排水体长度。对于硬壳层、硬夹层较薄的软土地基，目前排水板最大施工深度为 35 m，袋装砂井最大施工深度为 23 m。

6.2.6.1 密封沟需要人工在沟内踩膜，密封沟深度超过 1.5 m 时容易发生伤亡事故。考虑密封沟应进入饱和黏性土不少 0.5m，因此规定连续强透水层底面深度大于 1.0 m 的路段设置帷幕。泥浆搅拌墙掺泥量与强透水层级配、掺入料性质和级配均有关。工程实践表明，泥浆搅拌桩中粒径小于 0.075 mm 的细颗粒含量通常为 30%～40%。

6.2.7.2 研究表明，铺设多层加筋材料的软土路堤，路堤滑塌时加筋材料发生渐进性破坏，增加加筋层数对提高路堤稳定性的作用有限。

6.2.7.3 加筋材料布铺在排水垫层中部便于排水垫层一次性铺设。加筋材料在路堤填土中的界面摩擦力及 U 形钉固定等措施足以满足加筋材料的锚固要求。

6.2.8.3 为避免反压护道工后沉降过大对路堤产生影响，与路堤同时实施的反压护道建议采用排水固结处理，使其主要沉降在通车前完成。

6.2.9.3 公路、建筑、水运行业规范均规定软土强度增量采用式(2)计算，但是路堤稳定安全系数计算却未利用该式。

$$\Delta C_u = \Delta p U \tan\varphi \tag{2}$$

式中：

ΔC_u——软土不排水抗剪强度增量，单位为千帕(kPa)；

Δp——路堤荷载产生的土压力增量，单位为千帕(kPa)；

U——固结度；

φ——固结快剪或固结不排水剪切内摩擦角，单位为(°)。

工程实践表明，按照 JTG/T D31-02—2013《公路软土地基路堤设计与施工技术细则》中的有效固结应力法、改进总强度法，不少运营公路排水固结路堤的稳定安全系数小于 1.0，说明其存在较大缺陷，其主要原因是未考虑水平应力对土体抗剪强度的作用。

日本道路协会《道路土工软土地基处理技术指南》规定软土黏聚力采用式(3)计算，路堤稳定安全系数采用式(4)计算。

$$c_u = c_{u0} + m(p_0 + \Delta p - p_c)U \tag{3}$$

$$F_s = \frac{\sum(c_{ui} l_i + W_i \cos\alpha_i \tan\varphi_{ui})}{\sum W_i \sin\alpha_i} \tag{4}$$

式中：

c_u——软土不排水黏聚力，单位为千帕(kPa)；

c_{u0}——路堤填筑前软土黏聚力，单位为千帕(kPa)；

m——强度系数，见表 1；

p_0——路堤填筑前的上覆土压力，单位为千帕(kPa)；

p_c——前期固结压力，单位为千帕(kPa)，$p_c = c_{u0}/m$；

F_s——路堤稳定安全系数；

l_i ——土条 i 底面的长度，单位为米(m)；

W_i ——土条 i 的重量，单位为千牛(kN)；

α_i ——土条 i 底面的倾角，单位为(°)；

φ_{ui} ——软土不固结不排水剪切内摩擦角，单位为(°)。

表 1　强度系数

序号	土质	m
1	黏性土	0.30～0.45
2	粉土	0.25～0.40
3	有机质土及黑土	0.20～0.35
4	泥炭	0.35～0.50
注：黑土为分解了的高有机质土。		

JTG/T D31-02—2013《公路软土地基路堤设计与施工技术细则》中的改进总应力法对强度系数均采用了表 1 中数值范围的下限。

编制组利用有效应力理论推导了稳定分析时软土抗剪强度计算公式。

土样剪切破坏面是各个方向的剪切面中最先破坏的剪切面。由于软土剪切过程中各个方向的剪切面均存在法向有效应力及相应的摩擦力的变化，摩擦力的变化取决于法向有效应力的变化和有效内摩擦角，因此，剪切破坏面倾角取决于有效内摩擦角，这已被土工试验(图 5)、模型试验(图 6、图 7 中的加粗线)、数值模拟等证实。因此，软基路堤滑动面近似由三段直线组成，滑动体可分为路肩内侧的主动剪切区、边坡范围附近的直接剪切区、坡脚外侧的被动剪切区(图 8)。

a) UU试验　b) CU试验　c) CD试验　d) 无侧限试验

图 5　不同排水条件下饱和黏土试件剪切破坏面

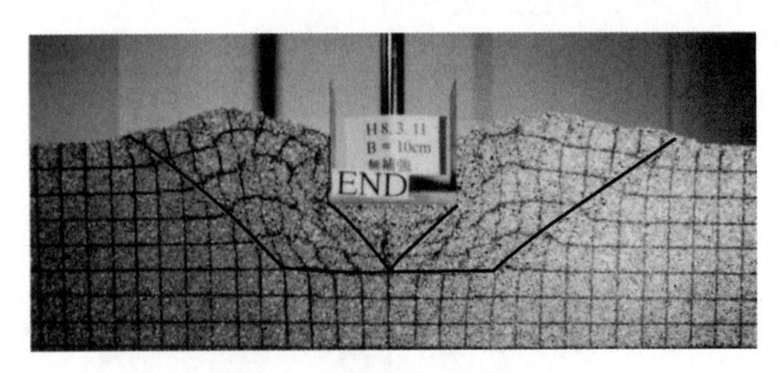

图 6　地基承载力破坏面

三个区剪切破坏面上土的抗剪强度均可按下式计算

$$\tau_r = \sigma_{zc} m_\varphi + c' m_c \tag{5}$$

式中：

τ_r ——剪切破坏面上土的抗剪强度,单位为千帕(kPa);

σ_{zc} ——竖向有效固结应力,单位为千帕(kPa);

m_φ ——摩擦强度系数,计算公式见表2;

c' ——有效黏聚力,单位为千帕(kPa);

m_c ——黏聚力系数,计算公式见表2。

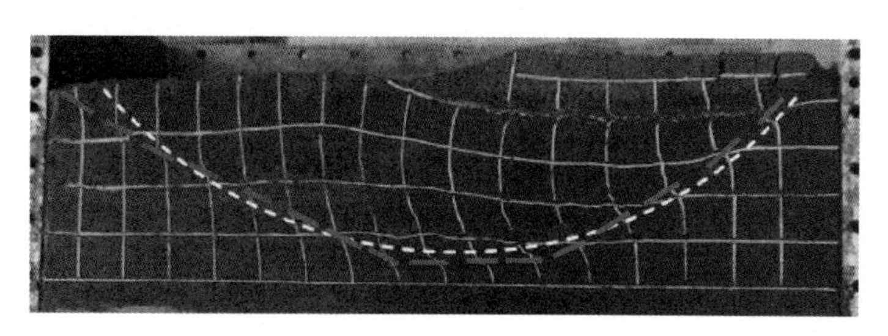

图7 软基路段离心模型滑动面

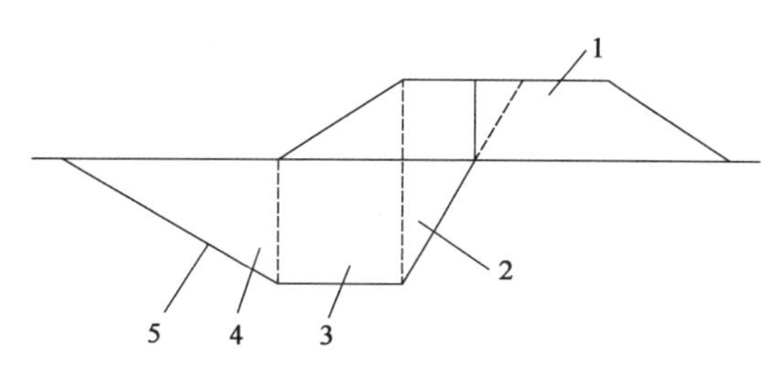

图8 软土路堤位移场分区示意

1-路堤;2-主动区;3-直剪区;4-被动区;5-滑动面

表2 强度系数计算公式

<table>
<tr><th rowspan="2">剪切破坏区</th><th colspan="2">m_φ</th><th colspan="2">m_c</th></tr>
<tr><th>饱和黏性土</th><th>其他土</th><th>饱和黏性土</th><th>其他土</th></tr>
<tr><td>主动区</td><td>$\frac{[A_f+0.5(1-A_f)(K_0+K_a)]K_0\tan\varphi'}{A_f+(1-A_f)K_a}$</td><td>$K_0\tan\varphi'$</td><td rowspan="4">$\frac{K_0}{A_f+(1-A_f)K_a}$</td><td>$K_0\tan\varphi'$</td></tr>
<tr><td>被动区</td><td>$\frac{(A_fK_0+1-A_f)K_0\tan\varphi'}{A_f+(1-A_f)K_a}$</td><td>$(1+\sin\varphi')\tan\varphi'$</td><td>$(1+\sin\varphi')\tan\varphi'$</td></tr>
<tr><td>直剪区</td><td>$\frac{K_0\tan\varphi'}{A_f+(1-A_f)K_a}$</td><td>$\tan\varphi'$</td><td>$\tan\varphi'$</td></tr>
<tr><td>平均</td><td>$\frac{[4+K_0+K_a+A_f(K_0-K_a)]K_0\tan\varphi'}{6[A_f+(1-A_f)K_a]}$</td><td>$\tan\varphi'$</td><td>$\tan\varphi'$</td></tr>
<tr><td colspan="5">注:A_f 为剪切破坏时孔隙水压力系数,K_0 为静止土压力系数,K_a 为主动土压力系数,φ' 为有效内摩擦角。</td></tr>
</table>

$$\sin\varphi_{cu}=\frac{\sin\varphi'}{1+2A_f\sin\varphi'} \tag{6}$$

$$c_{cu}=c'm_c\sec\varphi'\frac{1-\sin\varphi_{cu}}{\cos\varphi_{cu}} \tag{7}$$

式中:

φ_{cu}——固结不排水内剪内摩擦角,单位为(°);

c_{cu}——固结不排水内剪切黏聚力,单位为千帕(kPa)。

计算表明,$m_\varphi\approx\tan\varphi_{cu}$,$c'm_c\geqslant c_{cu}$,因此

$$\tau_r \approx \sigma_{zc}\tan\varphi_{cu} + c_{cu} \tag{8}$$

据此提出正文的式(7)、式(8)。

对十字板试验有

$$m_\varphi = \frac{K_0\tan\varphi'(6K_0+1)}{7[A_f+(1-A_f)K_a]} \tag{9}$$

φ'取 20～26°时，直剪区 m_φ 与式(9)计算值的比值为 1.41～1.6，因此正文的式(9)取 1.5。

改进总强度法对软土初始强度采用十字板抗剪强度，对路堤荷载下的强度增量考虑了水平向有效固结应力对抗剪强度的影响，因此其计算的稳定安全系数比有效固结应力法计算的稳定安全系数大，更接近实际情况，且该方法已被纳入相关商业软件中。因此，本文件推荐采用改进总强度法。强度系数推荐范围是根据主动剪切破坏区的 m_φ 公式计算得到的，未利用直剪破坏区的 m_φ 公式计算，偏于安全。

路堤滑塌工程表明，路堤开裂后快速滑塌，如不采取卸载、反压等附加措施，依靠加筋材料拉力增大阻止路堤滑塌的可能性很小。因此稳定分析应采用路堤开裂前的加筋材料拉力。实测表明，路堤开裂前加筋材料延伸率通常小于 2%。研究表明，多层加筋作用发挥程度不同。考虑本标准采用路堤开裂前的加筋延伸率，不考虑渐进性破坏因素，因此各层拉力取值差异性小于 GB/T 50783—2012《复合地基技术规范》的规定。

6.2.9.4 加筋较强时，路堤发生局部承载破坏(侧向挤出)，此时滑动面是图 9 所示的由直线和圆弧组成的复合滑动面，偏保守地假设 bc、fg 为圆弧，eg、bd 倾角为 45°。

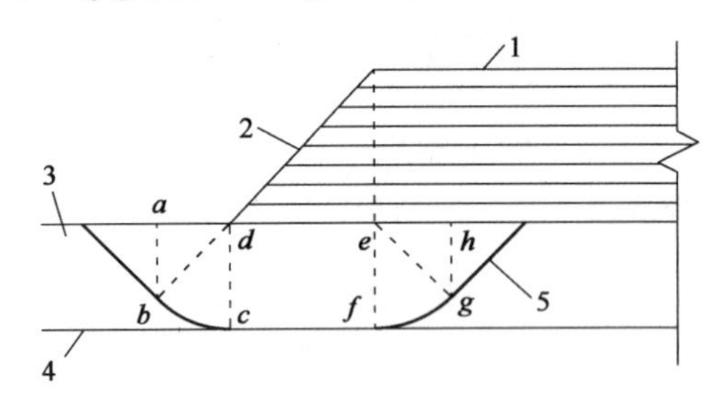

图 9 加筋路堤局部承载破坏图

1-加筋路堤；2-边坡；3-软土层；4-硬土层；5-滑动面

由 $abcd$ 对 d 点的力矩平衡条件得到 dc 面上应力为

$$\sigma_p = q(1+\sin\varphi)e^{(0.5\pi+\varphi)\tan\varphi} + c\cos\varphi[e^{(0.5\pi+\varphi)\tan\varphi}(1+\csc\varphi) - \csc\varphi] \tag{10}$$

式中：

σ_p——dc 面上的被动土压力，单位为千帕(kPa)；

q ——路堤外侧反压荷载集度，单位为千帕(kPa)；

φ ——软土内摩擦角(°)；

c ——软土黏聚力，单位为千帕(kPa)。

φ 为零时，式(10)变为

$$\sigma_p = q + (1+0.5\pi)C_u \tag{11}$$

式中：

C_u——软土不排水抗剪强度。

由 $efgh$ 对 e 点的力矩平衡条件得到 ef 面上应力为

$$\sigma_a = f_u K_0 e^{(\varphi-0.5\pi)\tan\varphi} - c\cos\varphi[e^{(\varphi-0.5\pi)\tan\varphi}(1-\csc\varphi) + \csc\varphi] \tag{12}$$

式中：

σ_a ——ef 面上的主动土压力，单位为千帕(kPa)；

f_u ——软土地基极限承载力，单位为千帕(kPa)；

K_0——软土静止土压力系数。

φ 为零时，式(12)变为

$$\sigma_a = f_u - (1+0.5\pi)C_u \tag{13}$$

由 $cdef$ 的水平方向平衡条件得到加筋土路堤地基局部极限承载力为

$$f_u = c\sqrt{K_p}\left(1+e^{\pi\tan\varphi}+\frac{e^{\pi\tan\varphi}-1}{\sin\varphi}\right)+qK_p e^{\pi\tan\varphi}+\frac{2Hm_e ce^{(0.5\pi-\varphi)\tan\varphi}}{K_0 D_s}+\frac{H^2 m_e \gamma_f \tan\varphi e^{(0.5\pi-\varphi)\tan\varphi}}{K_0 D_s} \tag{14}$$

式中：

K_p——软土被动土压力系数。

H——路堤高度，单位为米(m)；

m_e——设计边坡值(边坡坡率的倒数)；

K_0——静止土压力系数；

D_s——软土厚度，单位为米(m)；

γ_f——路堤土重度，单位为千牛每立方米(kN/m^3)。

φ、q 为零时，式(14)变为

$$f_u = (2+\pi)C_u + \frac{2m_e HC_u}{D_s} \tag{15}$$

由式(15)可得到正文的式(11)。

6.2.9.5 真空联合堆载预压工程中真空荷载不是永久性荷载，卸除真空荷载后地基土抗剪强度降低(图 10)，可能导致路堤失稳。因此，应结合路堤填筑计划通过稳定验算确定卸真空计划。

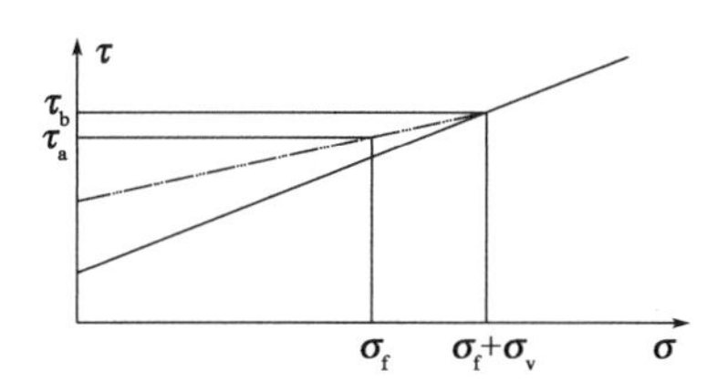

图 10 卸真空导致的抗剪强度降低

Ladd 和 Foott(1977)研究得出表明黏性土不排水抗剪强度与超固结比的关系见式(16)。

$$\frac{(C_u/\sigma'_{vc})_{oc}}{(C_u/\sigma'_{vc})_{nc}} = \mathrm{OCR}^{m_o} \tag{16}$$

式中：

C_u——软土不排水抗剪强度，单位为千帕(kPa)；

σ'_{vc}——软土的上覆压力，单位为千帕(kPa)；

$(C_u/\sigma'_{vc})_{nc}$——正常固结土的 C_u 与 σ'_{vc} 的比值；

$(C_u/\sigma'_{vc})_{oc}$——超固结土的 C_u 与 σ'_{vc} 的比值。

OCR——软土的超固结度；

m_o——系数。

对于卸除真空后的软土，由式(16)得式(17)。

$$\frac{C_u}{c+(\sigma_g+\sigma_f)\tan\varphi} = \left(\frac{\sigma_g+\sigma_f U_f+\sigma_v U_v}{\sigma_g+\sigma_f}\right)^{m_o} \tag{17}$$

式中：

c——固结快剪或固结不排剪切黏聚力，单位为千帕(kPa)；

σ_g——地基土初始竖向有效应力，单位为千帕(kPa)；

σ_f——卸真空时包括沉降土方的路堤荷载在地基中产生的竖向附加应力，单位为千帕(kPa)；

φ——固结快剪或固结不排水剪切内摩擦角(°)；

U_f——对应 σ_f 的固结度；

σ_v ——真空度，单位为千帕(kPa)；

U_v——对应 σ_v 的固结度。

由式(17)可得到正文的式(16)。

Ladd 和 Foott(1977)利用 6 个土样资料得到 m_o＝0.75～0.85，Mayne 根据 96 个样资料得到 m_o＝0.64，标准偏差为±0.18。由于后者样本多，且偏于安全，因此建议取 0.64。

6.2.9.6 建议结合工程经验确定路堤土黏聚力，其主要原因有：

a) 粉质黏土、黏性土经土击实后黏聚力可能达到 100 kPa，但大部分为基质吸力。广东沿海地区水塘遍布，水塘深度多为 2 m～3 m，塘埂以下路堤填土压实度往往偏小；受地表水和毛细水影响的填土厚度为4 m～5 m。因此，路堤运营阶段大部分路堤土含水率会增大，基质吸力急剧降低。山区路堤高度大，除靠近地表的 4 m～5 m、靠近边坡坡面的 2 m～3 m 范围外，其他部位填土含水率变化小，可适当考虑基质吸力。但是，半填半挖、一侧填平的路堤地下水将升高，也不宜考虑基质吸力。

b) 路堤土破坏应变小于软土破坏应变，两者不同时达到强度峰值。工程实践表明，路堤滑塌前地基水平位移较大，路堤通常已经开裂。日本道路协会《道路土工软土地基处理技术指南》对软土地基路堤稳定分析时假设路堤高度范围内出现竖向裂缝，不计算路堤土的抗滑作用。

对基层、底基层、面层的黏聚力取值建议更多考虑了 b)列项的原因。

正文的表 8 主要参考 TB 10106—2023《铁道工程地基处理技术规程》的建议值，根据公路工程经验，部分指标取值进行了适当调整。

6.2.9.7 施工期和运营期路堤荷载、地基强度不同，相应的稳定安全系数取值也应不同。适当减少施工期的安全系数也是为了增大排水固结法的适用范围。路堤填筑期间的稳定安全系数取值参考 TB 10106—2023《铁路工程地基处理技术规程》。

6.2.10.1 采用压缩模量法计算沉降时，主固结沉降计算简化公式为：

$$S_c=\frac{\gamma_f H T_s/E_s}{1-\gamma_f T_s/E_s} \tag{18}$$

式中：

S_c ——主固结沉降，单位为米(m)；

γ_f ——路堤土重度，单位为千牛每立方米(kN/m³)；

H ——路堤高度，单位为米(m)；

T_s ——软土厚度，单位为米(m)；

E_s ——软土压缩模量，单位为千帕(kPa)。

式(18)中分母用于考虑沉降土方荷载产生的沉降。计算表明，考虑沉降土方荷载时的沉降为不考虑沉降土方荷载时的沉降的 1.05～1.35 倍。

以往统计沉降修正系数时往往忽略了沉降土方荷载产生的沉降，这是以往沉降修正系数及其范围较大的原因之一。

6.2.10.2 采用 e-p 曲线计算沉降与采用 e-logp 曲线计算沉降的实质相同，均可以考虑软土的欠固结、超固结、正常固结三种固结状态。

广东软土结构性较强，e-logp 曲线在前期固结压力之后往往存在一个陡降段，天然孔隙比对应有效应力往往小于前期固结压力。因此，为减少沉降计算误差，宜采用天然孔隙比。

6.2.10.3 工程实践表明，正常固结软土地基路堤的沉降近似与路堤高度成正比，因此，对于正常固结土，也可以采用压缩模量计算沉降。

6.2.10.4 在考虑沉降荷载、软土欠固结等因素后，沉降修正系数主要由水平位移、次固结沉降产生。图 11 是由多个试验段排水固结断面得到的两侧挤出面积与总沉降面积的比值，多小于 10%。广州—

珠海东线高速公路工后分层沉降监测资料及其他研究成果表明，次固结沉降与总沉降的比例通常小于10％。因此采用采用 e-p 曲线或 e-logp 曲线计算沉降时，沉降修正系数宜取 1.2～1.3。

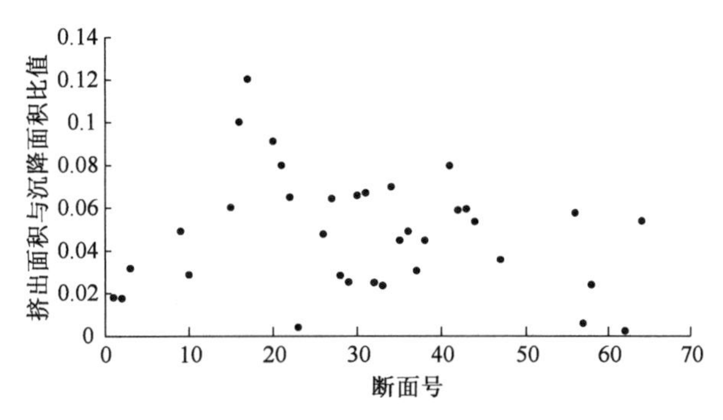

图 11　挤出面积与沉降面积比值散点图

以往沉降修正系数偏大的另一个主要原因是欠固结软土地基路堤采用压缩模量法计算沉降。广东省欠固结软土分布广泛，且常采用不考虑固结状态的压缩模量 E_s 法计算沉降。后海湾浅海相淤泥采用压缩模量 E_s 计算的沉降量比采用压缩指数 C_c 计算的沉降量小约 30％。因此采用压缩模量计算沉降时，沉降修正系数宜取 1.2～1.5。

真空荷载属于球形荷载，对相同的土体，真空荷载产生的体积应变大于相同大小堆载产生的体积应变。土体应变大部分是塑性应变，因此真空荷载导致地基产生的沉降必然大于相同大小堆载产生的沉降。明经平进行的真空三轴试验表明，真空荷载下土样竖向变形比相同大小堆载产生的小，但是真空荷载下的土体排水量和孔隙变化均比大小相同堆载的大。可控制应力路径的三轴仪的试验表明，卸除真空时土体体积应变减少的同时，轴向应变不但没减小，反而继续增大。因此，由于卸除真空后地基土侧向约束减小、剪应力增加，在路堤荷载下地基侧向位移增大（图 12）、地基沉降量增大。因此，真空联合堆载预压路堤的沉降修正系数建议与堆载预压相同。

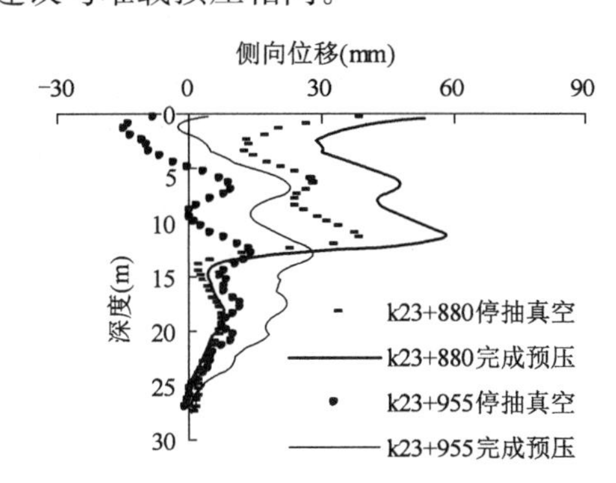

图 12　江中高速公路深度-侧向位移曲线

6.2.13.1　结构物附近对工后差异沉降要求严格，采用超载预压可以有效减少工后差异沉降。以往为减少汽车荷载对低路堤工后沉降的影响，GDJTG/T E01—2011《广东省公路软土地基设计与施工技术规定》推荐进行超载预压。工程实践和研究表明，超载预压的低路堤弃土比例很高，超载预压在减少汽车荷载对低路堤工后沉降影响方面的性价比较低，提高路床的长期强度才是减少汽车荷载对低路堤工后沉降影响的关键环节。因此，低路堤不再推荐超载预压。

6.2.13.2　部分工程按照高度控制超载，预压期沉降后变成欠载，再补载时工期已经来不及。预压期间施工机械已调走，要求不断进退场补填是不现实的。广东省多条高速公路工后监测表明，实际工后沉降远大于预测工后沉降，其中原因之一是没有真正进行等（超）载预压，导致通车后沉降较大，不断地进行加铺，加铺荷载又进一步产生工后沉降。因此，建议每个路段宜给出设计填土厚度，以便于在预压前按设计填土厚度进行路堤填筑。

6.2.13.4　当下卧软土层最大排水距离大于 5m 时，下卧软土层在施工期的固结度很低。超载预压不能消除下卧软土层的沉降，却会在加固区产生超额沉降。超额沉降将增加下卧软土层的工后沉降。因此，当下卧软土层最大排水距离大于 5m 时，不建议采用超载预压。

6.2.13.5　由于沉降计算和预测精度有限，为保证预压完毕时路床满足强度和压实度要求，需要根据监测资料将部分等载按照路床要求进行填筑。

6.2.14.1　广东省佛山一环公路、南国路南延线、广州绕城高速公路西二环南段和广州—珠海东线高速公路北段等都已成功应用水池法水载预压。水池法水载预压结构见图 13。

a）溢水口　　b）排水口

图 13　水池法水载预压

6.2.14.2　湖南省南益高速公路、广东省兴汕高速公路、东雷高速公路均已成功应用水袋法水载预压。水池法水载预压结构见图 14。

图 14　水袋法水载预压

6.2.15　结构物附近路段工后差异沉降率过大时，极易产生跳车现象，需要不断加铺养护，因此除了对工后沉降、沉降速率要求外，还对工后差异沉降率提出要求。5 mm/月的沉降速率标准对一般路段往往要求偏高，一般路段工后沉降超过规范值对行车安全舒适运行、运营养护影响较小，因此仅要求满足工后沉降标准。

6.2.18.1　排水板成卷安装在插板机上，导管插入地基的同时将排水板带入地基中。除非设计明确施工深度，排水板施工时，结合地质勘察资料将导管插到难以继续插入的深度后方可拔管，拔管到地面后再剪断排水板，因此。排水板施工不需要分段分区试打。

6.2.18.2　吊打施工袋装砂井时，砂井机拔管前将下一根袋装砂井吊在振动锤下，拔管时利用振动锤将下一根袋装砂井吊起使其密实并检测砂井袋强度，及时补灌空井段。袋装砂井吊打法已在广东省广泛采用。

6.2.19.1　加筋材料下面的路基填土设置路拱不利于拉伸土工格栅并发挥其作用，因此规定加筋材料下面的路堤填土不设路拱。

6.2.20.7　工程经验表明，对于排水固结路堤，路堤高度小于路基极限填土高度时，填土速率不受路堤稳定性限制。路堤高度大于路基极限填土高度时，需要根据施工期监测资料确定填筑间隔时间。填土间隔时间通常为 5 d～7 d,路堤高度越接近排水固结极限填土高度,填土间隔时间越大。

6.2.21.1 部分公路采用水载预压时,对等载对应的沉降估计不足导致欠载预压,放水后继续填土的费用高且减少了预压时间。为减少这种情况,应合理估计预压期沉降并将该部分土方在水载前填筑完毕。

6.2.22.4 为使密封膜与土体变形协调,避免密封膜变形不均匀导致的受拉破裂,建议抽真空初期 3 d内逐渐增加开泵数量。

6.2.22.5 为避免路堤填料约束密封膜的变形协调,建议膜下真空度达到设计要求 5 d～7 d 后再填筑路堤,以使密封膜充分位移和变形。

膜上第一层填土太薄时,路堤填筑过程中机械行走易损坏真空膜。

6.2.22.6 真空预压在路堤工程中的应用分为两种情况:一是当堆载预压无法满足路堤稳定性,利用真空预压提高路堤稳定性,二是帮助路堤快速完成沉降,减少工后沉降。第一种情况真空荷载必须与堆载同时作用下排水固结,并且产生的沉降大于恒载对应的最终沉降才能提高软土抗剪强度,从而提高路堤的最终稳定性。第二种情况真空荷载与路堤堆载不一定同时作用,总沉降小于恒载对应的最终沉降。

真空泵间断地停抽或减少真空泵数量会不断改变排水垫层中的水流方向,降低排水固结效果,因此规定预压期间不应间断抽真空或减少真空泵数量。

6.2.22.7 卸除真空荷载后地基土所受水平力减小,在路堤荷载下地基侧向位移和沉降量增大,卸真空导致的位移和沉降沿路堤横断面分布不均匀,可能导致边坡和路肩附近出现开裂。因此,建议停抽真空2 个月后再施工路面。另外,卸真空 2 个月后再施工路面可以验证卸真空后的实际沉降速率、工后沉降是否满足规范要求。

6.3 换填法

6.3.1 山间谷地路堤高度大、软土分布范围小,且换填开挖稳定性好,经常采用换填法,且换填法适用深度较大。对于在路基范围内局部存在的软基,换填开挖时基坑边坡稳定性好,可以适当加大适用深度。对泥炭土地基、部分高有机质土地基,换填开挖时边坡稳定性较好,换填深度也可适当增大。

换填分为部分换填和全部换填。部分换填主要用于低路堤和水塘路段的清淤换填。对于低路堤,为满足路床要求有时需要进行部分换填。

6.3.2.1 换填深度超过 5 m、换填靠近既有建(构)筑物时,施工难度、对周围的影响等均较大,因此建议专项设计,专项设计通常需要每个工点有相应的图纸、基坑边坡稳定分析,必要时还可能需要基坑边坡支护设计等。

6.3.2.5 换填法包括开挖换填法、挤淤换填法等。挤淤换填法又分为堆载挤淤法和爆破挤淤法等。传统的堆载挤淤是将路堤填筑到路基极限填土高度,从而使路基发生滑塌并挤向前方,在此过程中地基中的软土被填土置换。堆载挤淤换填质量与路基宽度、软土厚度、软土含水率及其沿深度的变化等因素有关。路堤宽度大时,堆载挤淤容易局部破坏、地基中遗留软土,导致路堤不均匀沉降甚至路基开裂。因此,本文件中只推荐堆载挤预压用于水域路段对地表浮泥、流泥的换填。爆破挤预压主要用于滨海路基。抛石挤淤后深层软基处理施工难度很大,因此抛石挤淤不用于需要深层处理的路段。

6.3.3.2 山区软土空间分布复杂,可能存在勘察未揭示的部分软土层,可能导致路堤滑塌或开裂,建议回填前进一步挖探,避免地基中存在软夹层。

6.4 柔性桩复合地基法

6.4.1.1 工程实践中,搅拌桩直径通常采用 0.5 m,间距通常采用 1.1 m～1.4 m,路堤高度超过 7 m时易出现滑塌、沉降较大的现象。采用较小的桩间距,柔性桩复合地基可以用于 7m 以上的路堤,但是桩间距小于1.1 m时,其造价接近甚至超过刚性桩复合地基,性价比较低,因此不建议搅拌桩用于路堤大于 7 m 的路堤。

6.4.1.2 搅拌桩适用深度与施工机械有关,搅拌桩机功率大、搅拌性能好时适用深度较大。部分大功率搅拌桩机适用深度已超过 40m。

相对单向搅拌桩，双向搅拌桩搅拌上下层翼片同时沿相反方向搅拌(图 15)，利于减少返浆，且搅拌翼片对周围土体的剪切力在一定程度上抵消，对周围土体的施工扰动较小。采用圆形搅拌轴的双向搅拌桩返浆量小于方形搅拌轴的搅拌桩，有效掺灰量大。

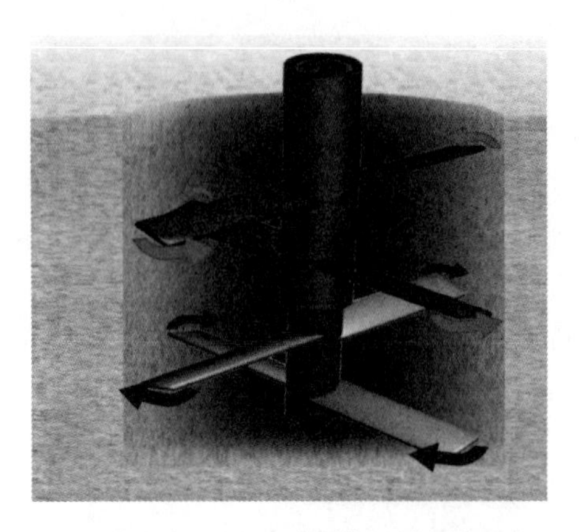

图 15　双向搅拌示意图

交通运输部应急管理部关于发布《公路水运工程淘汰危及生产安全施工工艺、设备和材料目录》的公告(交通运输部公告 2020 年第 89 号)已明确规定二级及以上公路工程不得使用单轴单方向水泥搅拌桩施工机械，要求用双轴多向(双向及以上)水泥搅拌桩施工机械、三轴及以上水泥搅拌桩施工机械等替代单轴单方向搅拌桩。

6.4.1.4　与 MJS 旋喷桩利用排泥管通过射流主动排出孔内泥浆不同，常规旋喷桩依靠孔内压力排出孔内泥浆，孔内压力很高，对周围土体产生挤压。珠海某高速公路利用旋喷桩对 4 个由 2 根直径 1.8 m 的灌注桩支撑的桥墩进行纠偏，与桩基边缘相距为 4.1 m～5.1 m 的 12～18 根直径 0.6 m、长 17 m 的旋喷桩使墩顶位移 96 mm～131 mm。河南某铁路桥墩由 11 根直径 1.25 m、长 58.9 m 的灌注桩组成，7.15 m 处直径 0.6 m、长 29 m 的旋喷桩施工导致墩顶位移 23 mm。广州某工厂对 5 桩承台之间的 8.8 m～14.5 m 厚的填土层采用 2 m 间距的旋喷桩加固，测试和分析表明，旋喷桩施工至距离管桩 6 m 时管桩最大位移 6 mm，3 m 时 22 mm，2 m 时 30 mm。管桩最大位移位于填土层底部附近。综合以上工程经验，为避免桥梁桩基位移过大，建议桥梁桩基 5 m 范围内不采用旋喷桩，与桥梁桩基距离 5 m～10 m 的旋喷桩应采取减少喷射压力、预先引孔并增大引孔直径、桩两侧施工旋喷桩等减少挤土效应的措施。既有桥两侧均设置旋喷桩时，通过严格对称施工可以控制桩身位移和桩身应力。

6.4.1.5　软土塑性指数大于 22 时，软土黏性很大，经常发生抱钻现象，常规设备和工艺难以将软土搅拌均匀，成桩质量较差，因此建议通过现场试桩确定搅拌桩或搅拌桩机的适用性。

6.4.1.9　水泥水化用水只需水泥重量的 15%左右，浆喷桩水灰比通常大于 0.45，因此浆喷桩会增大软土含水率，降低水泥土强度。大量工程实践表明，软土含水率大于 70%时，浆喷桩需要的掺灰量明显大于粉喷桩。目前，国内已经研制出双向搅拌粉喷桩，施工深度超过 20 m，且可有效减少扬尘。

6.4.2.1　部分路基采用的搅拌桩直径已经达到 1 m。部分大直径搅拌桩处理深度已经超过 40 m、桩身强度通常大于 0.6 MPa，抽芯检测不易偏出桩外。

6.4.2.2　为提高搅拌桩质量、降低成本，搅拌桩固化剂种类不再局限于水泥。采用水泥时，也往往添加各种外加剂，可根据工程需要和土质条件选用，一般有早强、缓凝、减水等。常用的早强(速凝)剂有：三乙醇胺、氯化钠、碳酸钠、水玻璃，掺入量通常分别为水泥重量的 0.05%、2.00%、0.50%、2.00%；缓凝剂有石膏、磷石膏，石膏兼有缓凝和早强作用，其掺入量一般为水泥重量的 2.00%，磷石膏掺入量一般为水泥重量的 5.00%；减水剂有木质素磺酸钙，其掺入量一般为水泥重量的 0.20%。工程实践中，为节省水泥，降低工程造价，也有添加部分工业废料如粉煤灰、高炉矿渣。

6.4.2.5　目前很少进行室内固化土试验，且室内固化土试样强度与现场强度差别较大且两者关系难以确定，因此建议设计时直接采用搅拌桩桩身抗压强度，不再采用室内固化土试样强度。

工程实践表明，软土中 0.5 m～0.6 m 直径的搅拌桩 28 d 真实抗压强度通常小于 0.6 MPa，要求搅拌桩强度超过 0.8 MPa 需要的水泥掺量过大，搅拌桩复合地基的经济性较差。

水泥土桩复合地基路堤计算分析采用 90 d 的强度，但是按照 90 d 强度进行检测会导致工期过长，可操作性差，工程中通常按 28 d 强度进行检测，因此对 28 d 强度提出要求。

6.4.3.1　路堤最危险滑动面的圆心通常位于路堤边坡范围内，布置在路堤、挡土墙外侧的柔性桩破坏模式多是受拉破坏，柔性桩抗拉强度小。即使柔性桩位于最危险滑动面的圆心内侧，因其竖向荷载较小，柔性桩的抗剪能力、抗弯能力都较小。因此，在路堤、挡土墙外侧布置的柔性桩性价比较低。

多条公路、城市道路表明，改河、涵洞基坑经常先施工柔性桩后进行开挖作业，开挖作业导致柔性桩承受水平压力。由于柔性桩竖向荷载较小，柔性桩受弯断裂破坏的可能性较大，采用格栅状布置或墙状布置利于保证柔性桩发生剪切破坏，避免受弯破坏。采用墙状布置时墙轴线应垂直路基走向。

6.4.3.2　广州南沙黄阁北路部分路段搅拌桩间距 1.5 m，褥垫层厚度 0.3 m，上面为路面结构，导致出现蘑菇路。地表存在砂层、填土层时，靠近地表的桩身强度高，蘑菇路现象较为突出。考虑汽车动荷载对土拱效应的影响，建议桩顶与路床顶面的距离不小于桩净间距。工程实践中可以采用钉形搅拌桩等满足上述要求。

6.4.3.3　部分柔性桩复合地基路堤的沉降过大甚至滑塌的原因之一是桩置换率偏小，桩身应力大于桩身强度，导致桩身压碎。路堤下柔性桩桩顶沉降小于桩间土沉降、桩底沉降大于桩间土沉降(图 16)，桩身上下部各 1 m～3 m 范围内存在负摩擦力，桩身等沉区桩身应力最大(图 17)，因此桩置换率应满足桩身等沉区桩身抗压性能。

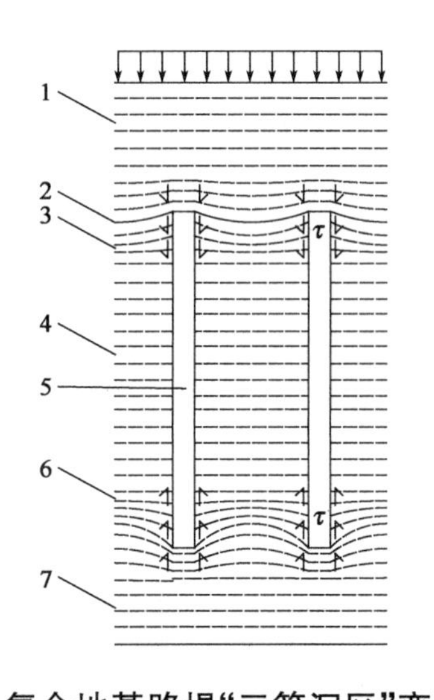

图 16　复合地基路堤“三等沉区”变形模型

1-路堤等沉区；2-地面；3-负摩擦区；4-桩身等沉区；
5-柔性桩；6-正摩擦区；7-下卧等沉区

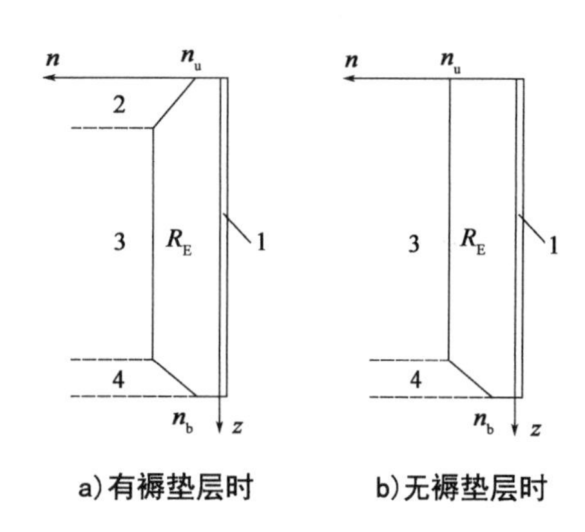

图 17　复合地基桩土应力比

1-柔性桩；2-负摩擦区；3-桩身等沉区；
4-正摩擦区

柔性桩 90 d 抗压强度约为 28 d 强度的 1.3～1.8 倍，因此正文中的式(36)具有 1.3～1.8 的安全系数。

软土中柔性桩固化土的含水率较高(表 3)、渗透性较低。无侧限抗压强度试验中固化土来不及充分预压，试样破坏前压缩应变较小；压缩试验中压缩时间长，固化土经充分预压，压缩应变较大，因此压缩试验中固化土压缩应变大于无侧限抗压强度试验中固化土压缩应变，导致压缩模量小于割线模量 E_{50}。因此，柔性桩复合地基计算分析时，柔性桩未固结前宜采用 E_{50}，固结后采用压缩模量 E_{ps}。沉降计算时柔性桩应采用压缩模量。

表 3　柔性桩固化土含水率

序号	工程名称	掺灰比 %	含水率 %
1	广珠东线高速公路灵山试验段	7～17	41.8～50.2
2	深圳宝安区新湖路	10～20	67.3～85.7
3	宁波北仑港	5～25	42.3～51.4
4	湖南安慈高速公路	15～21	49.1～50

表 4 是省内外实测的固化土压缩模量 E_{ps} 与无侧限抗压强度的比值。由表 4 可知，水泥土压缩模量约为无侧限抗压强度的 20～40 倍。因此，无试验数据时可取 $E_{ps}=(20\sim40)q_u$。

表 4　固化土压缩模量-无侧限抗压强度关系统计

序号	工程名称	压缩模量 MPa	抗压强度 kPa	模量与强度比
1	广珠东线高速公路灵山试验段	5.16～36.0	270～1520	19～32
2	深圳宝安区新湖路	20.7～32.4	320～980	33～65
3	广珠北高速公路	7.6～9.4	221～463	22～34
4	佛山中心组团道路	8.6～27.7	258～1405	18～37
5	珠海海相淤泥	16～38	850～2450	21～25
6	上海上层淤泥质土	—	—	15～40
7	黔张常铁路	21.7～44.0	1640～4020	10～21

由于柔性桩抗压强度远小于室内拌和固化土的抗压强度，因此利用固化土抗压强度换算桩身压缩模量时，采用桩身设计强度，不采用室内拌和固化土的抗压强度，也不能直接利用室内拌和固化土的压缩模量。

6.4.3.4　褥垫层材料日益紧缺，建议取消必要性不大的褥垫层。对涵洞、挡土墙等存在刚性基础的结构物而言，褥垫层的主要作用是避免桩顶荷载过于集中，以利于抗冲切和减少配筋；对于路堤等采用柔性基础的结构物而言，褥垫层的主要作用是避免桩间土荷载过大，以减少总沉降和桩土沉降差。对于低路堤，为利于形成土拱、避免出现蘑菇路，要求设置褥垫层。另外，褥垫层可以与路床或路面的排水垫层相结合。柔性桩承载力小，利用褥垫层协调涵洞、挡土墙等结构下复合地基桩土应力的必要性不大，而且不设褥垫层沉降更小，且可减少基坑开挖深度。复合地基顶面平整度可通过涵洞、挡土墙的素混凝土垫层调整，因此涵洞、挡土墙等结构可不设置褥垫层。高路堤填土厚度大、复合地基桩间距小，利用路堤土也可以形成完成土拱，对桩土不均匀沉降的适应性强，因此高路堤也可不设置褥垫层。

6.4.4.4　柔性桩固化土属于摩擦性材料，其抗剪强度由黏聚力、摩擦力组成，摩擦力与法向应力有关。因此合理做法是采用固化土的黏聚力、内摩擦角计算其抗剪强度。利用柔性桩固化土抗压强度计算其抗剪强度是现行行业标准做法。柔性桩芯样强度代表柔性桩完整桩段的强度，大于碎块状芯样的强度。柔性桩峰值强度与土体峰值强度不同时出现，三轴压缩试验表明柔性桩固化土残余抗剪强度为其峰值强度的 0.6～0.8 倍。离心试验表明软基路堤的滑动体更接近由主动区、剪切区、被动区组成，因此其滑动面更接近折线，边坡范围柔性桩多受弯断裂成多个桩段，路堤可能沿柔性桩断裂面滑动，黏聚力大幅降低。综合上述因素，对柔性桩芯样无侧限抗压强度乘以 0.5 的折减系数。表 5 是省内外利用直剪试验测试的固化土抗剪强度指标，括号中为平均值。表中固化土多是室内拌制，均匀性较好。虽然不少三轴试验表明固化土内摩擦角在 30°左右，考虑软基中固化土呈饱和状态，破坏时更接近固结快剪状态，且室内固化土与现场固化土的区别，固化土内摩擦角建议 20°～25°。

表 5　固化土抗剪强度指标统计

序号	工程名称	黏聚力 kPa	内摩擦角 °
1	广珠东线高速公路灵山试验段搅拌桩	31.3～258.5(124.1)	10.8～48.7(26.4)
2	深圳宝安区新湖路搅拌桩	105.5	28.2
3	广珠北高速公路搅拌桩	83～95.2(89.1)	20.4～27.8(24.1)
4	宁波北仑港搅拌桩	165～740(467)	11～38(22.8)
5	上海搅拌桩	121.4～269.8(200.7)	18.9～27.9(24.1)
6	吉林四平搅拌桩	198～580(395.3)	18.1～26.9(24.3)
7	武汉搅拌桩	133～1160(432.3)	16～32(24.7)
8	衢州—宁德铁路就地固化	154.7～250(201.6)	18.4～23.1(20.8)
9	莆田金钟水利枢纽旧地固化	116.3～123.6(120.0)	22.7～24.8(23.8)
10	大小鱼山围海造地旧地固化	34.1～43.2(38.7)	18.5～20.5(19.5)

6.4.5　从理论上讲，所有复合地基均存在桩土差异沉降。考虑柔性桩复合地基等沉区范围较大，为简化计算，近似假设桩土沉降相等，按照整个加固区桩土等应变的原则计算桩土复合模量。

柔性桩复合地基复合模量计算，桩身模量以往多采用柔性桩固化土无侧限抗压强度试验中的割线模量 E_{50}。大量工程实践表明，采用 E_{50} 计算的沉降远小于实际沉降。除了柔性桩施工质量不佳等原因外，重要原因是柔性桩在地基中的实际变形情况与固化土无侧限抗压强度试验中变形不同。

路堤中线附近柔性桩的受力状态与压缩试验中试件的受力状态接近，在路堤荷载长期作用下，柔性桩的固化土得到充分预压，固化土中的孔隙水充分消散，因此建议采用压缩模量，而不采用无侧限抗压强度试验得到的割线模量。

6.4.6　工程实践表明，路堤下搅拌桩复合地基会产生不可忽视的沉降，且沉降发展缓慢，可能造成工后沉降不满足要求，因此有必要进行固结分析。

关于胶结桩复合地基的固结速率与天然地基的固结速率大小一直存在争议。有人认为柔性桩复合地基假设桩土等应变，桩土之间没有应力传递。固结过程中桩体无法排水，完全依靠桩间土，因此复合地基固结速率与天然地基相同。下面利用固结方程进行说明。

对于天然地基、排水固结地基，固结过程中总应力不变，$\partial\sigma'=\partial u$，根据土体孔隙水减少量与土体体积压缩量相等的原理可得到式(19)。

$$\frac{\partial u}{E_s \partial t}=\frac{k_s \partial^2 u}{\gamma_w \partial z^2} \tag{19}$$

式中：

u ——超静孔压，单位为千帕(kPa)；

E_s——土的压缩模量，单位为千帕(kPa)；

t ——时间，单位为秒(s)；

k_s——土的渗透系数，单位为厘米每秒(cm/s)；

γ_w——水的重度，单位为千牛每立方米(kN/m³)；

z ——深度，单位为米(m)。

由式(19)得

$$\frac{\partial u}{\partial t}=C_v \frac{\partial^2 u}{\partial z^2} \tag{20}$$

式中：

C_v——竖向固结系数，单位为平方厘米每秒(cm^2/s)，$C_v=E_s k_s/\gamma_w$。

对于柔性桩复合地基，假设桩土等应变，且桩身孔压等于0。在固结过程中，复合地基桩土荷载比是随时间变化的，桩土之间的荷载转移是通过路堤填土协调实现的。

∂t 内桩间土超静孔压减小∂u_s，导致复合地基有效应力增大$(1-m_p)\partial u_s$，等沉区桩间土分担的有效应力增量为$(1-m_p)\partial u_s/(1-m_p+m_p n)$，因此桩间土有式(21)。

$$\frac{(1-m_p)\partial u_s}{(1-m_p+m_p n)E_s \partial t}=\frac{k_s \partial^2 u_s}{\gamma_w \partial z^2} \tag{21}$$

式中：

m_p——桩置换率；

u_s——复合地基桩间土超静孔压，单位为平方厘米每秒(cm^2/s)；

n——桩土应力比。

由式(21)得

$$\frac{\partial u_s}{\partial t}=C_{vc}\frac{\partial^2 u_s}{\partial z^2} \tag{22}$$

式中：

C_{vc}——复合地基竖向固结系数，单位为平方厘米每秒(cm^2/s)，$C_{vc}=E_s k_s(1-m_p+m_p n)/[\gamma_w(1-m_p)]$。

对比式(20)、式(22)可知，复合地基固结系数C_{vc}等于天然地基、排水固结路堤固结系数C_v乘以$(1-m_p+m_p n)/(1-m_p)$。对柔性桩复合地基等沉区范围大，可近似认为加固区均为等沉区，则有$(1-m_p+m_p n)/(1-m_p)=E_{sp}/[E_s(1-m_p)]$，从而得到正文的式(43)。

为便于理解，假设路堤荷载刚施加时全部转化为桩间土的超静孔压，该超静孔压大于桩间土最终有效附加应力，两者的差值对桩间土而言属于超额孔压。除了桩间土最终有效附加应力对应的超静孔压发生固结消散(在超静孔压作用下孔隙水渗流排出)，超额孔压也发生固结消散，超额孔压固结消散的结果是加速了桩间土孔隙水减少、土体压缩。因此，复合地基桩体会加速固结和沉降。

6.4.7 柔性桩复合地基固结较慢，预压效果不明显。但是，考虑柔性桩质量控制难度大，为验证软基处理效果，并适当减少工后沉降，建议等载预压不少于3个月，以便采取措施。

6.4.9.1 我国搅拌桩施工通常不区分地质条件、桩长、桩身强度要求，普遍采用单一型号的搅拌桩机，导致部分工程搅拌桩无法满足设计要求。随着我国施工机械的不断发展，可选择的搅拌桩类型不断增多。为保证搅拌桩质量，建议根据工程情况选择合适的搅拌桩机。

6.4.9.2 为提高搅拌桩成桩质量，工程实践中不断对搅拌桩机进行改进。为提高搅拌均匀性，搅拌桩机主要改进有：提高搅拌机功率、增加搅拌叶片数量、增大搅拌叶片宽度和倾角、采用弧形叶片或在横向叶片上增加竖向搅拌齿、将喷浆口引到叶片中部等，均取得一定效果。为减少冒浆量，除了采用圆形搅拌轴外，有的增设与风扇叶片形状类似的压浆叶盘。

6.4.10 近几年，搅拌桩固化剂用量不断增加，与质量检测要求提高有关，也与试桩监管不力有关。当固化剂掺量大于土体重量的25%时，搅拌桩复合地基的性价比较低，因此建议改变固化剂种类或地基处理方法。

6.4.11.1 一方面，搅拌桩施工时对桩位处及其周围软土产生扰动，软土抗剪强度降低。另一方面，软土中搅拌桩强度增长缓慢。因此，如果工作垫层厚度达于路基极限填土高度的0.5倍，搅拌桩施工时可能发生工作垫层和软土地基滑塌的事故。

6.4.11.3 工程实践表明，提高搅拌均匀性是保证搅拌桩质量最有效的方法。搅拌均匀性与叶片数量和尺寸、搅拌次数、提升下沉速度、旋转速度、是否抱钻等均密切相关。为避免抱钻，有时需要增大钻速的同时增大提升速度。正文中的式(44)是保证叶片旋转上升速度大于钻杆提升速度，以使每一点均被搅拌。规定搅拌次数与叶片数之积不小于25的目的是保证每一点被搅拌不少于25次。因此，为便于施工管理，对常规搅拌桩机，建议了搅拌桩施工效率。

本文件未规定水与固化剂的比值(水固比)的主要原因是:为避免堵塞喷嘴,喷浆次数往往与搅拌次数相同,按照以往规范要求的0.4～0.6的水固比,浆液数量不满足施工需要。

6.4.11.6 提升阶段与下沉阶段转向相反有利于压实土体、减少地面隆起、减少搅拌叶片上黏附土体。

6.4.12.2 单重管、双重管工法往往不预先引孔,钻孔直径小,孔内泥浆排出阻力大,可能出现孔口返浆不连续的现象,导致孔内压力增大,挤压周围土体,甚至可能出现劈裂注浆的情况,导致挤土效应严重、桩体直径沿深度变化大。因此应采取措施保证孔口持续返浆。常采用的措施有:采用较大直径的钻具、钻孔时采用较大喷浆压力、预先引孔并采用较大直径等。

6.4.14.3 120 d后固化土抗压强度还逐渐增长,标准强度采用90 d龄期强度。考虑工期、质量检测周期等因素,容许28 d进行质量检测,检测合格后可以进行褥垫层、土方填筑。但是,由于路堤稳定分析采用90 d龄期强度,因此,90 d龄期之前应控制路堤填筑速度,使其总高度小于固化土强度控制的路堤高度,以免路堤失稳。考虑固化土桩施工对桩间土施工扰动、路堤稳定安全系数等因素,对路堤极限填土高度乘以0.7的系数。

6.4.15.1 本文件未推荐检测柔性桩及其复合地基承载力的主要原因为:

a) 不论单桩承载力还是复合地基承载力均受桩身强度控制,承载力无法反映桩长和深处桩身质量。不少工程柔性桩设计长度为15 m,实际施工8 m时载荷试验测的承载力也能满足要求。

b) 复合地基承载力载荷板宽度小于路基荷载宽度,其影响深度远小于路基压缩层深度,静载试验承载力合格不代表深层承载力合格,更不能代表路基沉降满足要求。

c) 通常地表存在较厚的工作垫层或硬壳层,静载试验往往反映的是工作垫层或硬壳层对承载力的影响,不能反映软土层对承载力影响。对存在硬壳层的路段,即使不施工搅拌桩,复合地基承载力也可能满足设计要求。

因此,柔性桩及其复合地基承载力检测结果具有较大的误导性。为避免承载力检测对质量检测结果的误导,不推荐检测承载力,建议重点检测桩长、桩身强度和桩身完整性。

6.4.15.5 根据近年来的抽芯检测实践,钻孔直径采用101 mm时能更好地保证抽芯质量,因此本文件推荐钻孔直径为101 mm。

桩身完整性对复合地基路堤稳定和沉降均影响较大,因此对芯样完整性提出具体指标:在满足本抽芯时间、抽芯钻具和直径的前提下,建议长度大于70 mm的芯样累计长度不小于桩长的80%。

6.4.15.6 抽芯检测时,只能检测长度大于70 mm的芯样的抗压强度,而碎块状的芯样无法检测其抗压强度。为检测桩身薄弱桩段的桩身强度,江苏省、广东省佛山市等地利用标贯击数间接检测桩身强度。利用标贯检测桩身完整性和桩身强度是一种值得尝试的手段,因此本文件将其列入。工程实践表明,标贯击数与桩身强度近似为线性关系,佛山—开平高速公路得到式(23)。

$$N=28q_u \tag{23}$$

式中:

N——标准贯入击数;

q_u——芯样抗压强度,单位为兆帕(MPa)。

结合佛山等地的经验,无试验资料时,建议28 d的标准贯入N不小于$25q_{u28}$,28 d的重型动力触探$N_{63.5}$不小于$15q_{u28}$。

6.4.15.7 桩身强度可利用q_{u28}、N、$N_{63.5}$进行评价。对某段路基,当抽检桩数较少时,通常要求检测最小值不小于设计要求;当检测桩数较多时,可以采用统计方法评价桩身强度,根据工程经验,可采用平均值与标准差的差值与设计值进行比较,大于设计值时,该路段所有柔性桩均判定桩身强度合格。

6.5 就地固化法

6.5.1 就地固化技术在荷兰、日本等国家应用较早。近几年,我国引进荷兰等国的强力搅拌设备(图18),并逐步实现国产化。

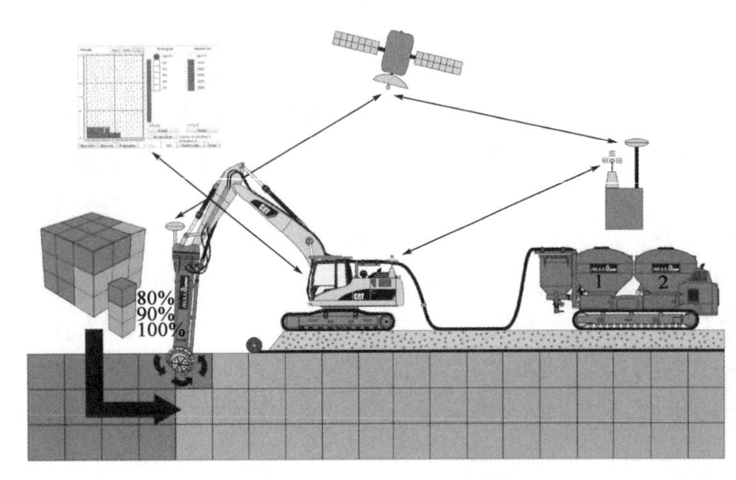

图 18　就地固化系统示意图及强力搅拌头

就地固化加固原理与搅拌桩类似，与搅拌桩主要的区别有：横截面为矩形，加固深度小于 7 m，无侧限抗压强度较低，可以用于处理泥炭土、污泥、污染土等。工程实践表明，就地固化处理深度超过 5 m 时，其经济性低于搅拌桩复合地基，因此处理深度超过 5 m 时不建议采用就地固化。工程经验表明，除非加固深度内存在大量管线或块石、片石等障碍物外，可以采用换填的路段均可以采用就地固化。

就地固化技术在公路工程中主要用于代替换填、形成施工便道或地基处理工作面等。广东水塘众多，部分工程对水塘先就地固化然后填土形成工作垫层，这种方法虽然利于提高水塘范围内填土压实度，但是造价高，必要性不大。对于水塘区路堤高度不大又需要采用刚性桩复合地基的路段，可以在水塘底进行就地固化形成刚性桩施工工作面，取消了或减少工作垫层，直接在水塘底部施工刚性桩，从而减少了桩帽以下的填土厚度和复合地基沉降，避免形成蘑菇路。

6.5.2.1　就地固化与柔性桩实质相同，因此就地固化沉降计算应采用压缩模量，且压缩模量可以利用固化土无侧限抗压强度换算。表 6 是省内外实测的就地固化土压缩模量与无侧限抗压强度的比值。其中大小鱼山围海造陆工程的无侧限抗压强度是根据直剪试验结果换算得到的。

表 6　就地固化土压缩模量-无侧限抗压强度关系统计

序号	工程名称	压缩模量 MPa	抗压强度 kPa	模量与强度比
1	衢州—宁德铁路就地固化	12.1～14.7	324～679	22～42
2	莆田金钟水利枢纽就地固化	18.6～22.1	515～531	36～42
3	大小鱼山围海造地就地固化	5.3～7.1	98.3～120	54～59

6.5.2.2　就地固化处理土的种类不同，需要的固化剂和配合不同。对于有机质土、泥炭土、污泥、污染土，需要通过试验确定固化剂和配比。国内在广东潮汕环线部分鱼塘路段有机质含量为 12%，采用水泥和粉煤灰，处理效果良好；浙江绍兴印染污泥的固化剂是水泥、矿渣微粉、黏土和稳定剂。

6.5.2.3　根据 L. Prandtl-H. Reissner 承载力理论，基础外滑动面宽度为 $B\sqrt{K_{p}}e^{0.5\pi\tan\varphi}$（$B$ 为基础宽度），就地固化土内摩擦角为 30°时，基础外滑动面宽度为 4.3B。当挡土墙、涵洞外就地固化宽度小于挡土墙、涵洞基础宽度的 4.3 倍时，按滑动面均位于就地固化土内计算承载力偏于危险，如图 19 所示。受用地红线控制，挡土墙、涵洞外就地固化范围较小，偏保守地按就地固化土无侧限抗压的状态确定就地固化土抗压强度与基底压力的关系。

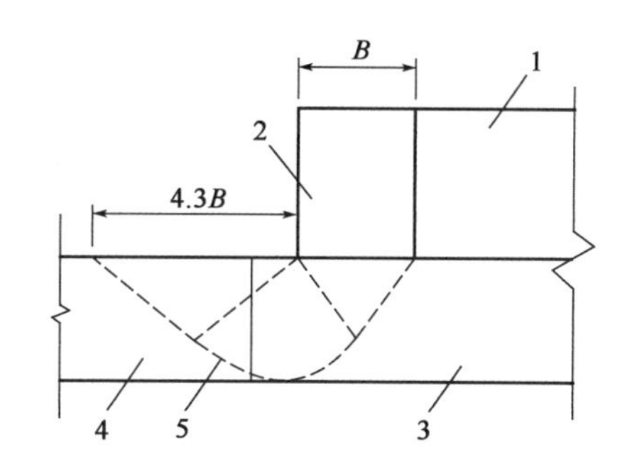

图 19　固化土范围与滑动面的关系

1-路堤；2-挡土墙；3-固化土；4-软土；5-滑动面

6.5.2.4　对就地固化土 28 d 无侧限抗压强度的规定主要基于以下因素：

a）当机械接地范围外固化宽度小于接地宽度的 4.3 倍时，按滑动面均位于就地固化土内计算承载力偏于危险；

b）利用就地固化形成工作垫层或施工便道时，就地固化土两侧的土体强度很低，不能与就地固化土同时达到破坏状态，对就地固化土承载力作用较小，且考虑其影响的承载力计算困难；

c）工作垫层与软基处理施工时间不可能间隔太长，采用较高的强度要求有利于尽早投入使用。

施工机械与就地固化土边线的位置关系见图 20。正文中的式(45)、式(46)基于 G. G. Meyerhof 冲剪破坏面理论，分别根据 $a_s \times b_s$、$(a_s + w_s) \times b_s$ 向下竖直剪切的情况确定就地固化土厚度。就地固化土层抗剪强度取无侧限抗压强度的 0.5 倍，冲剪面抗剪强度安全系数取 1.5。

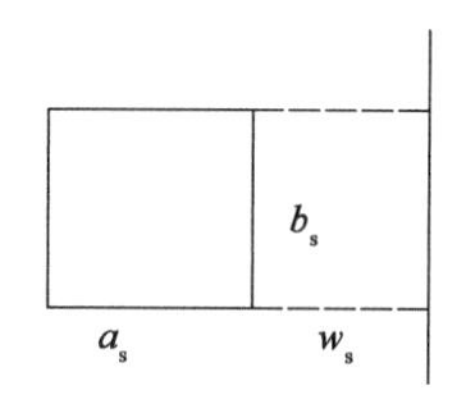

图 20　机械接地面与固化土边缘关系

6.5.3.5　就地固化通常设计成板状，单点就地固化常用尺寸为 1.6 m×0.8 m、1.4 m×0.8 m 和 1.1 m×0.6 m，固化点之间相互搭接形成板状加固体。

6.5.4.2　就地固化土强度较低，抽芯、制作抗压试件的难度较大。因此，除抽芯检测外，建议了轻型动力触探、标准贯入、重型动力触探等检测手段。

6.5.4.3　控制就地固化土地基稳定性、承载力的部位为就地固化土边缘处，因此载荷板与就地固化土边缘的距离不宜大于 1 m。

6.5.4.5　就地固化土动力触探、标贯击数与抗压强度的关系系数受固化土强度影响，总体规律是抗压强度越低，系数越大。因此就地固化的关系系数与柔性桩不同的关系系数不同。

6.6　刚性桩法

刚性桩法包括刚性桩复合地基、桩承堤等，其中桩承堤又包括桩帽网结构、桩筏结构等形式。桩承堤按照全部荷载由刚性桩承担设计。我国高铁和国外对刚性桩路堤大多按照桩承堤设计。由于广东水塘遍布、雨季时间长，按桩承堤设计造价较高、施工难度高，按照桩承堤设计的项目或路段并不多，桩承堤多用于既有桥梁下的路堤等特殊情况。

6.6.1.1　工程实践表明，桩(帽)顶面与路床顶面之间的填土厚度小于 2m 时，除非采用桩筏结构，容易出现图 21 所示的蘑菇路，严重影响行车舒适性和安全性，导致路面破损。

图 21 蘑菇路现象

6.6.1.2 广东省水塘、河网遍布，雨季时间长，为避免软基处理工作面积水，通常需要对水塘、河涌填平形成工作面，因此刚性桩桩帽以下填土厚度较大，复合地基沉降较大。水塘路段的刚性桩复合地基在桩间设置竖向排水体有利于将工作垫层产生的沉降在施工期完成，从而减少工后沉降。

6.6.1.7 新会绕城公路表明，在 20 m 厚的软土地基中挡土墙 3 排 25 m 长、间距为 1.5 m 的 0.5 m 直径的管桩施工导致 2 m 处桥梁灌注桩桩顶位移 250 mm～460 mm，11.25 m 处的灌注桩位移120 mm～340 mm。因此，既有桩基附近不应采用挤土效应的刚性桩。

6.6.2.1 软土中复合地基的沉管灌注桩等挤土型灌注桩施工时地面隆起严重，导致断桩率较高。工程实践表明，在沉管灌注桩等挤土型灌注桩上部一定深度内插设钢筋可有效降低断桩率。

6.6.2.2 工程实践表明，管桩采用焊接接头往往存在接头错位、焊接不饱满、冷却时间不足等缺陷，采用机械接头可以克服上述缺陷。

工程实践表明，实际桩长不足是导致刚性桩复合地基滑塌、沉降过大的主要原因之一。管桩采用封口型桩尖可以避免泥土进入管桩内，利于采用吊锤法检测桩长、采用孔内摄像检测接头质量。

6.6.2.3 工程实践表明，素混凝土桩、CFG 桩实际承载力往往小于规范方法计算的承载力，对路堤沉降和稳定性影响较大，因此建议通过静载试验确定单桩承载力。

6.6.3.1 路堤下刚性桩复合地基有两种设计思路：一种复合地基，桩间距、桩长确定原则均与柔性桩复合地基类似，相当于利用刚性桩代替柔性桩，桩身范围内存在较大范围的等沉区，通常不发生桩间土绕流滑动，可近似看作复合材料地基、实体基础，属于传统的复合地基，其造价较高、挤土效应显著。另一种是桩基础设计思路，刚性桩进入硬土层的长度大、桩间距大、桩帽大，通常没有等沉区或等沉区较小，桩间土可能产生绕流滑动。目前通常采用桩基础设计思路，可以看作一种广义的复合地基。

6.6.3.2 刚性桩复合地基路堤稳定分析表明，最危险滑动面圆心位于坡脚内侧，坡脚外侧土体隆起，桩体受拉，其抗滑作用较小，因此不建议在路堤坡脚外布桩。

稳定分析表明，位于低于路基极限填土高度的路堤边坡部分内的刚性桩对路基稳定性作用不大。但是为避免路基边坡范围内因差异沉降出现开裂现象，通常做法是对整个路基范围内均布置刚性桩。

6.6.3.3 刚性桩竖向承载力大、水平承载力小。为充分发挥刚性桩竖向承载力，应采取措施使大部分路堤荷载转移到桩顶，充分发挥刚性桩竖向承载能力，并通过减小桩间土承担的荷载，避免因水平位移大而导致刚性桩倾斜或断裂，规避刚性桩抗弯性能差的缺点。采用较大的桩帽覆盖率是保证刚性桩承担大部分路堤荷载的有效措施。

桩帽顶面与工作垫层顶面齐平可以减少桩帽之间填充料，而且由于工作垫层的保护作用，褥垫层施工时对桩帽的破坏较少。当桩帽顶面高于工作垫层顶面时，建议桩帽之间的填充料采用与褥垫层相同的材料，其目的是便于一次性施工桩帽填充料和褥垫层，减少对桩帽的破坏。

刚性桩通常按照正方形布置。桩帽以上的路堤中形成成片的球形土拱（图 22），球形土拱位于相邻 4 个桩帽之间，拱脚位于桩帽上，土拱顶面高度为桩间距的 0.7 倍。为保证路面平整，路面结构应位于土拱顶面以上，因此要求桩帽顶面以上填土厚度不小于桩间距的 0.7 倍。

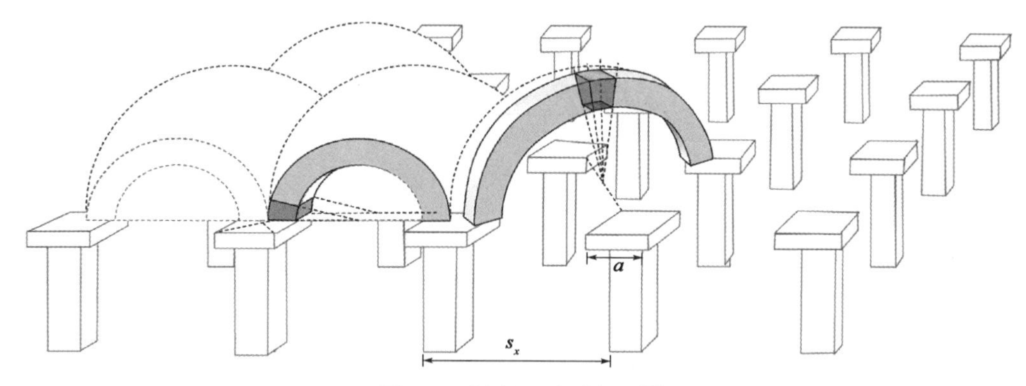

图 22　桩帽之间的土拱

室内模型试验表明，大面积设置窄缝时，窄缝上方形成三角形土拱，顶角为内摩擦角的 2 倍。褥垫层较薄且混入填土较多，土拱范围内填料内摩擦角接近 20°，土拱高度接近桩(帽)净间距的 2 倍。随着桩土沉降差增大而增大，土拱由三角形向塔形发展，土拱高度不断增大，如图 23 所示。为保证土拱效应，要求桩帽顶面以上填土厚度不小于桩帽净间距的 2.0 倍。

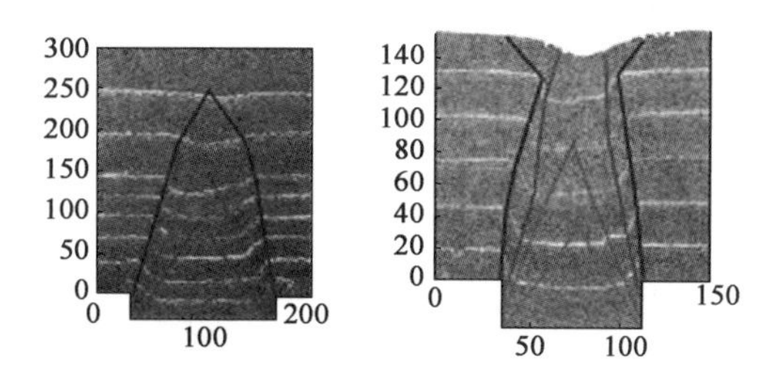

图 23　土拱发展过程

桩帽以上路堤土除了土拱破坏外，还可能出现桩帽顶面土柱的剪切破坏。桩帽以上土柱可能形成图 5 中所示剪切破坏面，该剪切面倾角约为 60°，随着土柱进一步破坏，桩帽以上形成锥形土体，其倾角为休止角。为避免桩帽顶面土柱对路面的“冲顶”，要求桩帽顶面以上填土厚度不小于桩帽净间距的 0.6倍。

6.6.3.4　目前大部分双向加筋材料抗拉强度较小，不适合用于桩承堤。部分单向加筋材料抗拉强度已达到 1600kN/m，适合用于桩帽网桩承堤。为保证两个方向向桩顶转移荷载，采用单向加筋材料时，应铺设 2 层，且两层铺设方向相互垂直。

6.6.3.5　广东雨水多、地下水位高，筏板下设置素混凝土或碎石垫层利于避免筏板钢筋被泥土污染。

6.6.4　Hewlett 和 Randolph 假设土拱为球形，分别根据拱顶、拱脚土体屈服推导出桩间荷载集度，并取大者，BS 8006-1:2010 *Code of practice for strengthened/reinforced soils and other fills* 采用该方法。JTG/T D31-02—2013《公路软土地基路堤设计与施工技术细则》采用陈云敏公式，假设拱顶和拱脚屈服程度相等，与工程实际不符，且需要试算。因此本文件采用 Hewlett 和 Randolph 公式。

研究表明，桩土沉降差较大时，按照球形土拱计算的桩间土压力偏小。由于工作垫层厚、软土性质差等原因，广东省路堤下刚性桩复合地基桩土沉降差较大，因此乘以沉降调整系数。

计算分析表明，加筋材料向桩顶转移的荷载较小。加之加筋材料铺设时张拉不紧、加筋材料通常设置在垫层顶部，其作用更小。为简便起见，不考虑加筋材料向桩顶转移的荷载。

6.6.5.1　桩帽配筋不足会导致桩帽破坏，严重影响路堤稳定性和沉降，应重视桩帽受力分析。桩帽弯矩分布复杂，建议采用有限元等方法分析。

桩顶对桩帽的荷载在桩帽中扩散的同时对桩帽产生拉力(图 24)，因此不可因为桩帽尺寸小于应力扩散范围而对桩帽不配置钢筋。

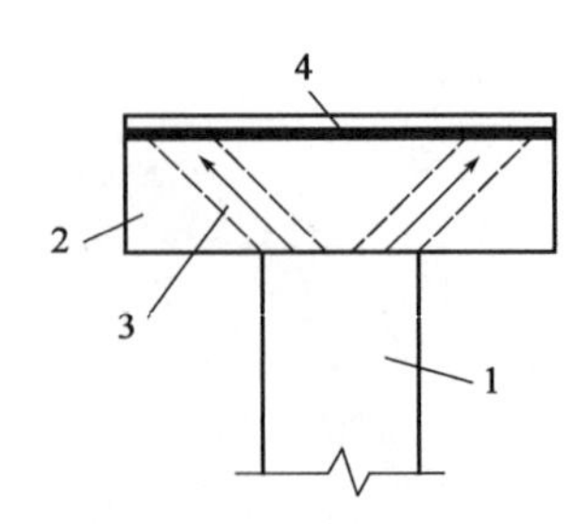

图 24 桩帽中应力扩散与拉力

1-刚性桩;2-桩帽;3-压杆;4-拉杆

桩帽受力分析时假设桩帽顶面荷载均匀分布,且桩帽底面土体反力为零。图 25 中 $ABCD$ 范围内桩帽顶面荷载、桩顶均布反力对 CD 的弯矩为

$$M=\frac{P_u(3\pi b-8d)}{24\pi} \tag{24}$$

式中:

M ——CD 处的弯矩,单位为千牛米(kN·m);

P_u ——单桩分担面积内桩帽顶面以上荷载,单位为千牛(kN);

b ——桩帽边长,单位为米(m);

d ——桩直径,单位为米(m)。

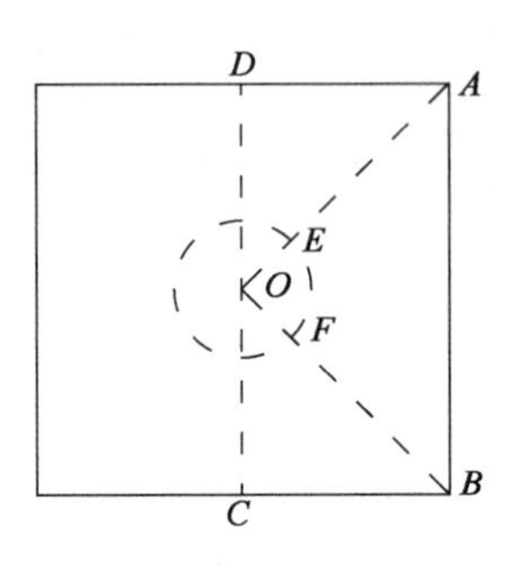

图 25 桩帽弯矩计算示意

桩顶范围内桩帽弯矩近似取 ABO 范围内桩帽顶面荷载、桩顶均布反力对 CD 的弯矩 M_{c1},即得到正文的式(52),刚性桩外侧桩帽承担的弯矩等于 M 与 M_{c1} 之差,即得到正文的式(53)。

6.6.5.2 正文的式(55)、式(56)分别根据 JTG 3362—2018《公路钢筋混凝土及预应力混凝土桥涵设计规范》中弯矩与钢筋面积关系、最大裂缝宽度公式得到,计算最大裂缝时,偏保守地假设按作用准永久组合计算的弯矩等于按作用频率组合计算的弯矩。

6.6.5.4 桩帽顶面与路堤顶面之间的距离小于桩帽净间距的 2 倍时,容易出现图 21 所示的蘑菇路。为缓解蘑菇路现象,宜按桩承堤设计,此时加筋材料受力计算参照 BS 8006-1:2010 *Code of practice for strengthened/reinforced soils and other fills* 的规定。

6.6.6 路堤下刚性桩复合地基与建筑工程中刚性桩复合地基的沉降特性主要区别为:

a) 由于工作垫层、软土欠固结等原因,路堤下刚性桩间土往往承担较多荷载,桩间土沉降大于桩顶沉降,桩身存在沉降中性面;

b) 路堤由散体材料组成,路堤桩顶桩底均可能发生刺入破坏,无法产生弹性理论计算刺入变形。

由于以上原因,本文件未计算桩身压缩量和桩端刺入变形,而是通过计算桩间土压缩量得到加固区沉降。

6.6.6.2.1 附加应力法考虑刚性桩路堤桩土变形不协调的特点,以桩间土为分析对象,考虑刚性桩对桩间土的作用。为简化计算，假定沉降中性面以上桩侧摩阻力发挥系数，且沉降中性面处桩间土附加应力等于零。正文的式(59)假设刚性桩在桩顶荷载、负摩擦力共同作用下达到竖向承载力破坏，根据刚性桩竖向的平衡状态得到的正文的式(59)。正文的式(60)假设新近填土中的桩周摩擦力大于填土重量，而且将桩顶标高处的桩间荷载在填土内通过负摩擦力转移到桩身上。

正文的式(63)假设除填土中存在负摩擦力外，地基土中也存在负摩擦力。沉降中性面处桩土平均附加应力为

$$\sigma_e = p\left(1 - \frac{2}{P}\xi\sum_{j=1}^{n_e}\Delta z_j \mid \tau_{uj} \mid\right) \tag{25}$$

式中：

σ_e ——沉降中性面处桩土平均附加应力，单位为千帕(kPa)；

p ——路堤荷载集度，单位为千帕(kPa)；

P ——路基纵向每延米的路基总荷载，单位为千牛(kN)；

ξ ——加固区两侧摩擦力发挥系数；

n_e ——地面与沉降中性面之间的土层数；

Δz_j ——第 j 层土厚度，单位为米(m)，j 从地表面起算；

τ_{uj} ——第 j 层土极限侧阻力，单位为千帕(kPa)，负摩擦区取负值。

地基中负摩擦力为

$$Q_{s2}^{n} - Q_{sm}^{n} = u_p\zeta\sum_{j=1}^{n_e}\Delta z_j \mid \tau_{uj} \mid \tag{26}$$

式中：

Q_{s2}^{n} ——刚性桩未达到承载力极限状态时的负摩擦力，单位为千牛(kN)；

Q_{sm}^{n} ——工作垫层对单桩的负摩擦力，单位为千牛(kN)；

u_p ——桩周长，单位为米(m)；

ζ ——沉降中性面以上桩侧阻力发挥系数。

沉降中性面处桩间土附加应力为零，由式(25)和式(26)可得

$$p\left[1 - \frac{2\xi(Q_{s2}^{n} - Q_{sm}^{n})}{P\zeta u_p}\right]A_u = P_p + Q_{s2}^{n} \tag{27}$$

式中：

P_p——桩顶荷载，单位为千牛(kN)。

由式(27)可得正文的式(61)。

6.6.6.2.2　z 处桩土平均附加应力见式(28)、桩身轴力见式(29)。

$$\sigma_z = p\left(1 - \frac{2}{P}\sum_{j=1}^{n_1}\Delta z_j\xi \mid \tau_{uj} \mid\right) \tag{28}$$

$$P_z = P_p - u_p\sum_{i=1}^{n_2}\Delta z_i\tau_{ui} \tag{29}$$

式中：

σ_z ——深度 z 处的桩土平均应力，单位为千帕(kPa)；

n_1 ——地表面至 z 处的土层数；

P_z ——深度 z 处的桩身轴力，单位为千牛(kN)；

n_2 ——桩顶面至 z 处的土层数；

Δz_i——第 i 层土的厚度，单位为米(m)，i 从桩顶面开始向下起算。

复合地基桩土荷载关系为

$$\sigma_z A_u = P_z + \sigma_{sz} A_u (1 - m_p) \tag{30}$$

式中：

σ_{sz} ——z 处桩间土附加应力，单位为千帕(kPa)；

A_u ——单桩分担面积，单位为平方米(m^2)；

m_p ——桩置换率。

由式(28)～式(30)可得到正文的式(63)。

6.6.6.2.4 对路堤下的刚性桩复合地基，刚性桩未达到承载力极限状态，桩底端也可能刺入破坏，如图 26 所示。

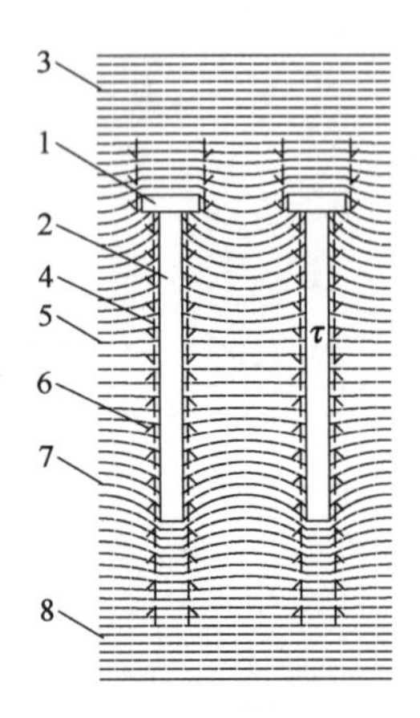

图 26 刚性桩复合地基变形场

1-桩帽；2-刚性桩；3-路堤等沉区；4-负摩擦力；5-等沉面；6-正摩擦力；7-变形线；8-下卧层等沉区

a) $P_p + Q_{s2}^n < Q_p$ 时，桩底端未刺入破坏，因此有

$$\alpha S_{12}^{pm} - S_{12}^n = \beta S_{bm} - \alpha S_{sb} \tag{31}$$

$$P_p + Q_{s2}^n = \alpha (Q_s - Q_{s2}^n) + \beta Q_p \tag{32}$$

式中：

α ——沉降中性面以下桩侧阻力发挥系数；

S_{12}^{pm} ——利用 σ_{sz}^{pm} 采用分层总和法计算得到的沉降中性面以下桩间土沉降量，单位为毫米(mm)；

σ_{sz}^{pm} ——沉降中性面以下极限桩侧阻力的反力在 z 处桩间土中产生的附加应力，单位为千帕(kPa)；

S_{12}^n ——利用 σ_{sz}^n 采用分层总和法计算得到的沉降中性面以下桩间土沉降量，单位为毫米(mm)；

σ_{sz}^n ——沉降中性面以下加固区两侧摩擦力导致 z 处桩间土负附加应力，单位为千帕(kPa)；

S_{bm} ——利用桩底 q_P 计算的桩底刺入变形，单位为毫米(mm)；

β ——桩端阻力发挥系数；

S_{sb} ——利用桩底面处的 σ_{sz}^{pm} 计算的桩底刺入变形，单位为毫米(mm)；

Q_s ——刚性桩总极限侧阻力，单位为千牛(kN)；

Q_p ——刚性桩总极限端阻力，单位为千牛(kN)。

由式(31)、式(32)可得到正文的式(69)和式(70)。

b) $P_{pa} + Q_s^n \geq Q_p$ 时桩底端可能刺入破坏，也可能未刺入破坏。先假设桩底刺入破坏，此时 α 为可由式(33)计算，然后利用正文的式(71)计算沉降中性面以下桩间土沉降 S_{12}，如果正文的式(71)计算的 S_{12} 大于 S_{bm}，则桩底刺入破坏，与假设相符，应采用正文的式(71)计算的 S_{12}，否则桩底端未发生刺入破坏，应采用正文的式(70)计算 S_{12}。

$$\alpha=\frac{P_{\mathrm{p}}+Q_{\mathrm{s2}}^{\mathrm{n}}-Q_{\mathrm{p}}}{Q_{\mathrm{s}}-Q_{\mathrm{s2}}^{\mathrm{n}}} \tag{33}$$

6.6.6.3.2　软土地基承载力采用JTG 3363—2019《公路桥涵地基与基础设计规范》推荐的方法。

6.6.7　按照6.4.6的条文说明，固结系数与桩土应力比有关。刚性桩地基不存在等沉区或等沉区范围很小，桩土应力比沿深度变化。为便于计算分析，近似认为式(21)中加固区 $1-m_{\mathrm{p}}+m_{\mathrm{p}}n$ 的平均值等于加固区未加固时沉降与加固后沉降的比值。

6.6.9　路堤荷载全部由刚性桩承担且刚性桩竖向承载力安全系数大于2的路堤往往称为桩承堤。真正的桩承堤不需要进行稳定分析。广东地区水塘众多，桩帽以下填土厚度较大，按照桩承堤设计造价很高，多按照复合地基设计，因此需要进行稳定分析。

6.6.9.1.1　路堤滑塌案例分析、离心模式试验、数值分析等均表明，刚性桩路堤失稳过程为：桩间荷载过大导致桩间土绕流滑动，桩间土绕流滑动导致刚性桩受弯断裂，刚性桩受弯断裂导致路基滑塌。刚性桩的主要破坏模式为受弯断裂(图27)，刚性桩复合地基路堤的主要破坏模式是绕流滑动。刚性桩提高路堤稳定性的主要手段是承担大部分路堤荷载、减少桩间荷载，次要手段是对桩间土产生水平阻力、阻止桩间土滑动。因此，建议同时验算整体滑动稳定性和绕流滑动稳定性。

a) 桩帽倾向路堤内侧

b) 刚性桩上部倾向路堤外侧

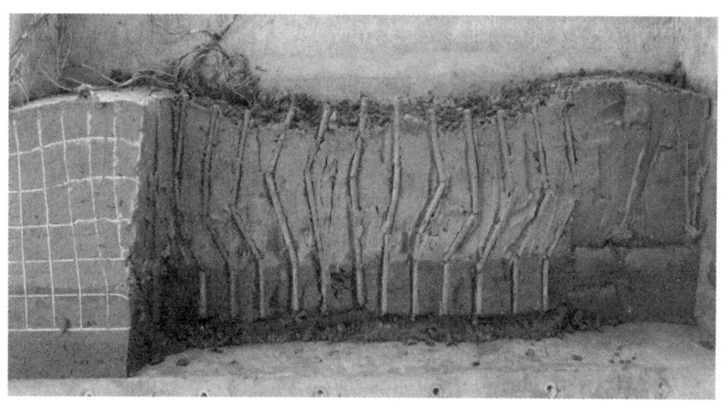

c) 刚性桩受弯断裂

图27　刚性桩受弯破坏证据

6.6.9.1.3　修正重度法是基于刚性桩提高路堤稳定的作用机理、桩土相互作用提出的简化计算方法，其计算结果与工程实际情况符合性较好，且可直接利用现有稳定分析软件。对既有路堤拼宽工程，路堤横断面内仅部分断面采用刚性桩加固，采用修正重度法具有一定难度，不但需要对地基进行分区，而且需要对路堤土进行分区。

6.6.9.1.4　刚性桩施工对桩间软土产生扰动，导致软土剪强度下降40%～60%，其后软土抗剪强度有一定恢复。根据工程经验，建议桩间软土强度乘以0.6～0.8的折减系数。

6.6.9.2　路堤绕流滑动时，滑动面圆心外侧桩间土隆起，图28中 A 区路堤中土拱作用于桩间土上，桩间土几乎承担全部路堤土荷载，稳定中性面为拉中性面。滑动面圆心内侧桩间土沉降，图 28 中 B 区路堤中土拱作用于桩帽顶面，桩帽对路堤产生竖向反力 P_p，作用于桩间土的荷载很小，稳定中性面为压中性面。滑动面圆心外侧、拉中性面以上区域(图 28 中 C 区)，桩间土相对刚性桩向上位移，刚性桩对桩间土的摩擦力 τ 向下；滑动面圆心内侧、压中性面以上区域(图 28 中 D 区)，桩间土相对刚性桩向下位移，刚性桩对桩间土的摩擦力向上；滑动面圆心外侧、拉中性面以下区域(图 28 中 E 区)，桩间土相对刚性桩向下位移，刚性桩对桩间土的摩擦力向上；滑动面圆心内侧、中性面以下区域(图 28 中 F 区)，桩间土相对刚性桩向上位移，刚性桩对桩间土的摩擦力向下。桩底端对图 28 中 G 区土体的 Q_{pk} 向下。P_p 对绕流滑动有阻止作用，圆心内侧负摩擦力和圆心外侧正摩擦力阻止绕流滑动，圆心内正摩擦力和圆心外侧负摩擦力促进绕流滑动，Q_{pk} 促进绕流滑动。滑动面内桩土之间的水平力较复杂，桩身上部对桩外侧土体有促进其滑动的水平力，桩身中下部对内侧土体有阻止土体滑动的水平力，图 28 中只显示出刚性桩对土体的阻滑力 q_h。q_h 与刚性桩抗裂弯矩、桩顶荷载等有关，桩顶荷载越大，q_h 越大。多个滑塌工程表明，刚性桩复合地基路堤滑动主体位于路堤边坡范围内。路堤边坡范围内的桩顶荷载较小，且用于软基处理的刚性桩抗裂弯矩很小，因此刚性桩能承受的 q_h 较小。理论分析、离心模型试验表明，刚性桩断裂位置和方向往往与滑动面位置和方向不一致，导致桩土之间的水平力确定难度较大。考虑到桩土之间的水平力较复杂，确定难度大，且 q_h 较小，因此偏保守地忽略不计桩土之间水平力的影响。

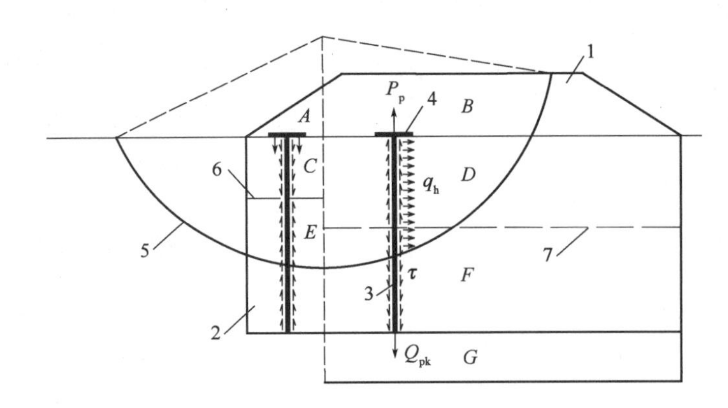

图 28　桩对滑动体的作用力

1-路堤；2-加固区；3-刚性桩；4-桩帽；5-滑动面；6-拉中性面；7-压中性面

基于上述分析提出修正重度法，其核心思路为：P_p 可以抵消自重等于 P_p 的路堤土荷载，促使路堤绕流滑动的是桩间土承担的荷载，可对桩帽以上路堤重度按正文的式(76)进行修正。桩侧负摩擦力阻止桩间土绕流滑动，正摩擦力促进桩间土绕流滑动，因此可将桩侧摩擦力按正文的式(78)转换到桩间土重度中。由于路堤绕流滑动稳定分析对象为路堤和桩间土，为便于稳定分析，桩所占空间需要以桩间土代替，因此重度修正时需将桩间土均化到整个加固区并保持整个加固区内桩间土重量不变。

由于路堤绕流滑动稳定分析对象为路堤和桩间土，为便于稳定分析，将桩间土黏聚力或不排水抗剪强度均化到整个加固区以保持整个加固区内桩间土黏聚力不变。桩间土总质量不变，因此桩间土内摩擦角不需要变化。

修正重度法的缺点是对路堤内的滑动面上的路堤土也进行了修正，与实际情况不符。路堤内的滑动面接近直立，因此误差不大；圆心外侧的桩顶无法形成土拱，刚性桩成为抗拔桩。不考虑该因素得到的稳定安全系数偏小且误差不大，因此可以不考虑该因素。

修正重度法经多项工程验证，与工程实际情况基本吻合。

6.6.9.2.10　修正重度法的前提是刚性桩不倾斜和受弯断裂，因此需要提高 F_s 以减少路堤沉降和位移、避免刚性桩倾斜和断裂。

6.6.9.2.11　当 F_s 小于 1.0 时，修正重度法对路堤土重度进行了折减，因此其无法合理反映路堤自身的稳定性，需要单独计算路堤自身的稳定性。

6.6.11.1 用于地基处理的管桩直径通常为 300 mm～500 mm，采用锤击法施工管桩时，锤重过大容易导致管桩桩头破坏，因此需要限制锤重。

6.6.11.2 利用管桩桩孔可以大比例地检测桩长。为发挥该优势，除了桩底设置封口型桩尖外，还需要避免泥沙、碎石等从桩顶进入管桩内。从工程实践看，桩孔经常被堵塞，导致无法利用桩孔进行检测。为避免该现象，需要利用合同、计量等手段进行约束。

6.6.12.1 工程实践表明，含水率大于 60％的深厚软基在采用长螺旋泵压法施工灌注桩时，由于混凝土重度远大于软土，且混凝土坍落度大，导致其充盈系数往往大于沉管灌注桩，混凝土用量、挤土效应较大。某公路灌注桩采用螺旋钻孔管内泵压法施工，软黏土含水率为 70％的路段扩孔系数达到 2，含水率约 80％的路段扩孔系数达到 4.2。采用水泥浆等重度较小的材料时，孔口堆积的软土极易流入桩孔中，导致桩长不足或断桩。

6.6.12.4 广州—珠海高速公路试验表明，沉管灌注桩施工时挤土效应导致地面隆起，已施工沉管灌注桩受拔断裂，而不是剪切断裂。跳桩施工断桩率为 80％，连续施工断桩率为 40％，连续施工并在桩身上部插断钢筋未断桩。图 29 表明跳桩施工导致已施工桩 C 处隆起量是连续施工时的 2 倍，导致已施工桩 C 的位移与连续施工时相同。

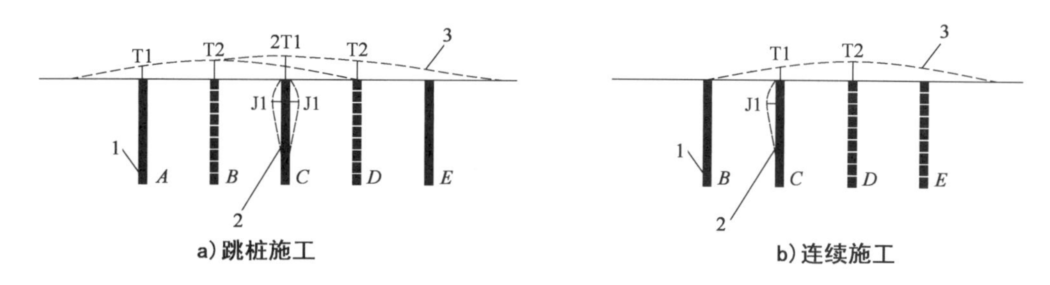

图 29 不同施工顺序时已施工桩隆起和侧移对比

1-桩；2-侧移线；3-隆起丘

6.6.13 当桩顶进入桩帽的长度较大时，易导致桩帽发生剪切破坏，不利于路堤稳定性和沉降。部分工程曾因此导致大量桩帽剪切破坏和路堤滑塌（图 30）。为了避免桩帽、筏板剪切破坏，应严格控制桩顶进入桩帽、筏板的长度偏差。设置连梁、筏板时，需要重点控制桩顶高程偏差。为实现桩帽、筏板的抗弯、抗剪切性能，应严格控制钢筋位置偏差。

图 30 桩对桩帽剪切破坏

6.6.14.2 桩帽间填充料和褥垫层宜一次性施工有利于避免材料运输和铺设机械直接作用在桩帽上。施工机械偏心作用在桩帽上时，可能导致桩帽倾斜、脱离刚性桩。

6.7 泡沫轻质土路堤法

6.7.1 泡沫轻质土路堤通常采用应力补偿的原则取消或减少软基处理，可以看作一种广义的软基处理方法。

排水固结路堤存在极限高度和适用高度，超过排水固结路堤适用高度时多采用复合地基，造价较高。在低于排水固结路堤极限高度的填土下预压后卸除部分填土，然后填筑轻质土至路床顶面，该做法往往比复合地基造价低。

6.7.2.1　轻质土路堤重量小、抗倾覆能力和抗滑能力差，因此建议与轻质土路堤相邻的既有路堤稳定安全系数不宜小于1.3。设置台阶有利于轻质土路堤的水平滑动稳定性，且利于在边坡上施工防排水、锚固等附属设施。

6.7.2.2　正文中的式(83)参考日本FCB工法设计与施工指南。

6.7.2.3　当轻质土路堤与普通土路基之间存在差异沉降时，轻质土路堤与普通土路基之间出现纵向裂缝，路面水可能进入轻质土路堤与普通土路基之间的界面处。轻质土路堤抗倾覆、抗滑动性能差，应避免轻质土与普通土界面处积水对轻质土路堤产生浮力、压力。

6.7.2.4　轻质土顶面宽度较小时，在水平土压力、水压力、汽车撞击力、汽车离心力、声屏障风荷载等荷载作用下，轻质土路堤有可能倾覆或滑动。常用的措施有增大钢筋混凝土板宽度或轻质土宽度、设置锚筋等。

6.7.2.5　明确轻质土路堤顶面分区位置、各区高程有利于避免轻质土路堤顶面台阶高度过大，导致调坡层厚度过大。

6.7.2.6　轻质土路堤横向富余宽度内部分轻质土顶面经常裸露，且由于护壁高于轻质土顶面而经常积水，积水沿护壁与轻质土之间的缝隙下渗，导致部分轻质土重度增大、护壁外析出大量白色的碳酸盐结晶体。因此规定富余宽度内不应积水。通常可利用护栏基础将富余宽度封闭，或者对路面与护壁之间的轻质土顶面采用微膨胀混凝土或砂浆封闭。

6.7.2.7　试验表明，泡沫轻质土重度不小于6 kN/m^3时，泡沫轻质土的孔隙基本不连通、抗压强度较高，物理力学性能受交通荷载、地下水等因素的影响很小。因此要求，泡沫轻质土重度不小于6 kN/m^3。泡沫轻质土位于地下水位以下时，轻质土施工期间易出现上浮现象，导致轻质土开裂，因此要求重度不小于10 kN/m^3。

为降低工程造价、增大轻质土重度或韧性，部分轻质土掺加了黏性土，部分轻质土中掺加了碱渣、赤泥等工业固废。日本很早就在轻质土中掺加了粉细砂。

6.7.2.9　差异沉降必然导致轻质土转动，为避免轻质土开裂，沉降缝处设置泡沫板，不设置木板，因为木板弹性模量大于轻质土的弹性模量。

6.7.2.10　泡沫轻质土具有硬化后可直立的特点，侧向应力几乎为零。护壁主要用于防止泡沫轻质土直接与大气接触以延缓风化，且施工过程中可作为临空面模板。工程常用的护壁有两种，一是40 mm厚预制薄壁式保护壁，二是200 mm钢筋混凝土保护壁。

JTG D30—2015《公路路基设计规范》规定直立式轻质土高度超过3m时设置钢筋混凝土挡墙。根据广东省经验，设置钢筋混凝土挡墙会显著增加路堤重量和造价。广东省几乎所有超过3 m高的直立式轻质土路堤均采用预制面板护壁，使用效果良好。因此只要求轻质土路堤可能被撞击或冲刷的部分应采用厚度不小于200 mm的钢筋混凝土护壁。

6.7.2.11　汽车撞击力较大，为避免汽车撞坏轻质土后落到路堤下方，建议护栏基础宽度不小于3m，使汽车撞击力成为汽车与护栏系统的内力。

6.7.2.12　软基上的轻质土路堤可能在沉降缝处出现裂缝，差异沉降大时还可能在沉降缝之间出现裂缝，进而导致路面出现反射裂缝。因此，轻质土路堤可能出现裂缝时，建议采取在轻质土路堤顶面预压、设置钢筋混凝土板等避免路面反射裂缝的措施。

6.7.3.2　由应变固结度定义可得式(34)。

$$U_p = 1 - \frac{S_{ra}}{S_e} \tag{34}$$

式中：

U_p——目标固结度；

S_{ra}——容许工后沉降；

S_e——恒载对应的最终沉降。

研究表明，软基路堤沉降与荷载基本成正比，因此有式(35)。

$$S_e=\frac{S_f[T_l\gamma_l+(T_e-T_l)\gamma_f]}{T_f\gamma_f} \tag{35}$$

式中：

S_f ——对应 T_f 的最终沉降，单位为米(m)；

T_l ——轻质土换填厚度，单位为米(m)；

γ_l ——轻质土重度，单位为千牛每立方米(kN/m³)；

T_e ——路面结构等效填土厚度、路堤设计填土高度、换填轻质土前已完成沉降土方之和，单位为米(m)；水位以下沉降土方重度应换算为水位以上填土重度；

γ_f ——路堤填土重度，单位为千牛每立方米(kN/m³)；

T_f ——预压填土厚度，单位为米(m)，已通车公路尚应包括路面结构的等效填土厚度。水位以下沉降土方重度应换算为水位以上填土重度。

由应力固结度定义得式(36)。

$$U_p=\frac{T_f\gamma_fU_t}{T_l\gamma_l+(T_e-T_l)\gamma_f} \tag{36}$$

式中：

U_t——产生工后沉降的主要土层的固结度。

由式(34)～式(36)，并考虑安全系数可得到正文的式(85)。根据路堤竖向空间关系得到的轻质土厚度见正文的式(87)。

对于真空联合堆载预压路段，根据工期安排可以确定卸载时地基的固结度，轻质土厚度取正文的式(86)和正文的式(87)计算值中的大者。

6.7.3.3　国内外室内试验表明，长期浸泡在水中的泡沫轻质土平均重度增加15%～25%。室内试验试件尺寸远小于现场泡沫轻质土的尺寸，现场泡沫轻质土平均重度增加小于室内试验结果。目前缺乏现场实测结果，因此偏保守地参考室内试验结果取值。

6.7.3.5　轻质土抗压强度小，刚性桩桩间距大、横截面面积小，桩顶承担荷载较大且不设置桩帽时，可能压碎轻质土。

6.7.4.2　轻质土沉陷过大时，可能在浇注区内出现“回”字形裂缝，并增大轻质土重度。

6.7.4.6　分仓面积与设备产能不匹配时，可能出现单层轻质土未在初凝时间内完成浇注，导致已经初凝的轻质土受后续浇注泡沫轻质土流动和挤压的影响而形成剪切裂缝及内部结构破坏(图31)。分仓面积使单层轻质土体积不大于单套设备1h产能(低温时面积更大些)，通常能避免出现上述现象。

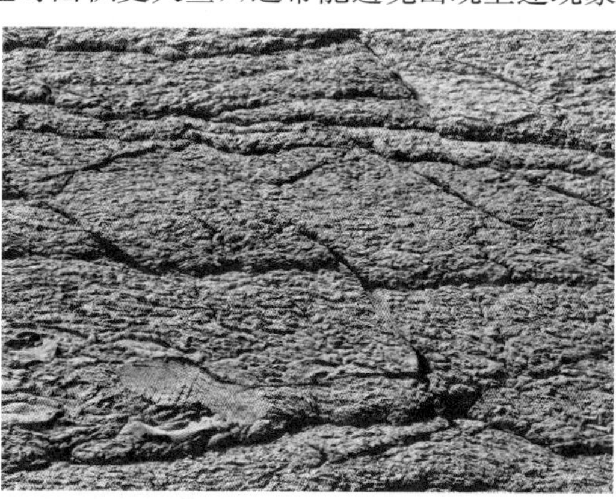

图31　轻质土初凝后继续浇注导致的剪切裂缝

6.7.4.7 上下相邻浇注层浇注间隔时间太短时，可能导致大量气泡在某个点不断富集上浮形成蘑菇云状凸起。水泥强度等级越高，尤其是早强水泥，越容易出现这种蘑菇云现象。

6.7.4.8 工程实践表明，轻质土顶面积水可能导致轻质土护壁倾斜、砌缝处渗水、轻质土位移等病害。因此，雨季通常需要在护壁上设计排水口或采取其他措施，避免轻质土顶面积水。

6.7.5.3 工程实践表明，现场实际强度、重度往往低于留样试件的强度和重度，轻质土施工厚度也有可能小于设计值。采用钻孔抽芯等方法可以检测泡沫轻质土的实际厚度，并可检测现场泡沫轻质土的实际重度和强度等。

7 特殊路段软基处理

7.1 一般规定

7.1.2 工程实践表明，路堤高度低于 3 m 时，刚性桩路堤易出现蘑菇路现象。该种情况下，刚性桩路堤建议采用桩筏结构。

7.2 改扩建路段

7.2.1.1 工程实践表明，拼宽路堤高度小于 3 m 时，扣除工作垫层、路面结构后，可采用轻质土的厚度非常小，因此不建议采用轻质土拼宽。

7.2.1.2 由于轻质土重度小，轻质土拼宽路堤抗倾覆性能较差。为保证轻质土拼宽路堤的抗倾覆安全系数，既有路堤边坡削陡后的坡率建议不陡于 1∶1。

7.2.2.6 为避免软基处理机械二次进场和桩顶对路面的冲顶，有时需要打设钢板桩或削陡既有路堤边坡。

7.2.2.7 常用的Ⅳ型拉尔森钢板桩宽×高×厚＝400mm×170mm×15.5mm，相邻钢板桩反向扣接，加上压路机框架宽约 120 mm 及安全距离，导致钢板桩附近 0.5 m～0.7 m 宽度的填土未经过压实。为避免路堤沿钢板桩附近出现纵向裂缝，拔除钢板桩后，需要对该部分填土采取措施使其密实。液压夯实的有效加固深度通常为 2 m，因此垂直开挖高度超过 2 m 时，建议采用注浆对松散填土进行固结。

7.2.5.2 既有路堤坡脚附近可能存在既有围堰、抛石挤淤或施工便道的片石等，为评价其对就地固化施工的影响并采取措施，要求施工前通过探槽探明地下障碍物。

7.2.6.1 旋喷桩强度大于搅拌桩，桩土差异沉降更明显。为避免对路面的冲顶效应，建议桩顶与路床顶面的间距不小于 2 m。钉形搅拌桩桩间距小，有利于形成土拱，减少对路面的破坏。

7.3 桥头路段

7.3.1.1 某高速公路软土地基上 50 多座薄壁式桥台中 80%以上出现推移、开裂等现象，而座板式和肋板式桥台基本没有推移、开裂等现象，只是个别斜交肋板式桥台出现裂缝。肋板式桥台抵抗水平推力的作用大，但是反开挖和回填数量大，施工难度大。目前软基上多采用桩柱式桥台和座板式桥台。相对于座板式桥台，桩式桥台反开挖和回填很小、造价低，因此推荐采用桩柱式桥台。

工程实践表明，软土地基段采用非正交布置的桥涵出现的问题比较多，而且斜交角度越大出现问题的比例越高。

7.3.1.2 工程实践证明，桥头搭板可以有效减少桥头跳车现象。桥头搭板长度越长，减少桥头跳车的效果越显著。部分设计在 8 m 长及以上的搭板中间截断纵向钢筋形成铰接点。在重型车辆作用下，搭板会在中间断开，后半段搭板失去作用，对减少桥头跳车不利，因此要求搭板纵向钢筋连续。

7.3.2.3 深厚软基上桥头路堤高度较大时，经常出现桥台位移、桥头跳车等病害。为减轻路堤荷载，除限制桥头路堤高度、采用轻质填料外，日本曾在桥头路堤中设置箱形涵洞、波纹管。

7.3.3.3 合理变化间距或桩长的目的是真正实现工后沉降逐渐增大、平顺过渡。工程实践表明，目前较大分段长度的过渡做法未真正实现工后沉降平顺过渡的目的，只是将跳车位置往路堤方向移动了，复合地基与排水固结路段交界处附近仍然会出现差异沉降和跳车现象。

过渡段末端沉降和侧向位移较大，采用变桩长法时桩身弯矩较小，变桩长法可以保持桩帽净间距不变，利于土拱效应的形成。

7.3.3.4　由于路堤稳定安全系数不足而导致的软土剪切蠕变对应的位移则可能持续几年甚至更长时间。因此，为了减少软土剪切蠕变对应位移的不利影响，应验算桥头路堤纵向稳定性，使其满足规范要求。

7.3.4.2　除非路堤稳定安全系数不满足要求，地基软土瞬时剪切变形对应的位移在 15 d 内可以完成，该部分位移对桥台的不利影响可通过合理安排桥头路堤与桥台桩基的施工顺序而避免。预压阶段固结沉降是超静孔压消散产生的，孔压属于球形压力，因此固结沉降伴随着水平位移减小。

7.4　涵洞路段

7.4.1.1　箱涵整体性好，对不均匀沉降适应能力强；箱涵底板厚度小，基坑深度小，不易坍塌。圆管涵对不均匀沉降适应性强、埋设小。因此，软土地基涵洞推荐采用钢筋混凝土箱涵或圆管涵。

7.4.1.2　软土路段的斜交涵洞端部如处治不当，施工过程中及工后易产生扭转、开裂等病害，故设计及施工时应注意综合防治。

7.4.1.3　涵洞基坑深度较大时，基坑容易滑塌，导致复合地基受损，有必要采取措施减少涵洞基坑深度。

7.4.1.4　采用排水固结预压后反开挖施工的涵洞，由于翼墙附近预压荷载小，可能因地基承载力不足而导致翼墙沉降大、倾斜等现象。因此，有必要采取措施减少翼墙基底压力。

7.4.2.3　涵洞、通道是路基中的小型结构物，被两侧路基夹持着，如果涵洞、通道两侧的路基稳定安全系数大于规范值，涵洞、通道因承载力不足而滑塌的可能性很小。如果涵洞、通道工后沉降很小，而其两侧路基工后沉降较大，容易出现跳车现象。对于排水固结后反开挖施工的涵洞、通道，预压后软基承载力特征值通常小于 70 kPa，如果按照涵洞、通道处路堤荷载集度提承载力要求，则几乎所有反开挖施工的涵洞、通道地基承载力都不满足设计要求。但是江中高速公路、广珠西线一期、西部沿海高速公路近百个涵洞、通道均采用排水固结后反开挖施工，只要等载预压至工后沉降小于 200 mm，反开挖施工的涵洞、通道均未出现滑塌问题，通车后与路基沉降协调，行车舒适性很好。因此，建议排水固结后反开挖施工的涵洞值只要剩余沉降满足要求，不需要提地基承载力要求。

对于复合地基涵洞的承载力，如果要求过高，往往导致涵洞、通道与路基沉降不协调，出现跳车现象或离心力增大。对复合地基涵洞、通道，只要涵洞或通道处沉降、附近路基稳定性满足要求，不需要计算涵洞、通道的地基承载力。

7.4.3.1.1　以往农村汽车较少，大部分涵洞采用排水固结后反开挖施工。目前农村汽车数量越来越多，过人涵洞采用排水固结预压后反开挖施工涵洞的可能性越来越小。

7.4.3.1.2　山区道路涵洞地基中软土厚度可能沿涵洞纵向剧烈变化，经常由于差异沉降导致涵洞扭转、错台、接缝张开、洞身开裂等病害。地基处理按照桩基础设计可以有效避免上述缺陷。当预压反开挖时，应超载预压使地基沉降充分完成，从而减少工后差异沉降。

7.4.3.2.1　反开挖施工排水涵洞时，沟渠处需要填筑路基，因此需要在沟渠附近设施临时排水设施以保持预压期间、涵洞施工期间的临时排水。

7.4.3.2.2　为了提高涵洞翼墙处的地基承载力，建议对涵洞两端超宽软基处理和预压。为了缩短预压时间，反开挖施工涵洞时通常超载预压。

7.4.3.2.3　圆管涵通常采用钢筋混凝土管，常用承插口加橡胶圈密封的连接方式连接，也有企口加橡胶圈的密封方式连接。由于混凝土管节长约 2 m，节段间相对转角为 1.5°，可以适应较大的路基沉降。因此，广东省 2010 年之前的公路圆管涵大多是施工后再预压。

7.4.3.3.2　工程实践表明，地基浅层软黏土性质差时，涵洞与混凝土桩之间设置垫层时易导致涵洞侧向位移。三水一怀集高速公路部分涵洞地基采用预制管桩复合地基处理，涵洞与桩之间设置褥垫层。软黏土含水率大于 80%，桩间土受力后发生侧向挤出，导致涵洞节段之间分离严重。因此地基浅层软土非常软弱时，建议不设置褥垫层。

7.4.4.1 当涵洞坑底位于软土层时，基坑支护设计不当可能导致基坑坍塌、复合地基桩倾斜等事故，应重视涵洞基坑设计。

7.4.4.2 采用刚性桩复合地基时，涵洞两侧刚性桩桩顶通常设置桩帽和褥垫层，放坡开挖导致边坡范围内的刚性桩桩帽和褥垫层设置困难，而且基坑开挖时极易导致刚性桩倾斜或断裂，因此涵洞基坑通常采用直立式边坡，基坑深度较大时打设钢板桩等进行支护。

7.4.4.3 涵洞基坑稳定分析不考虑桩体作用，主要原因有：一是基坑开挖时桩体主要受弯，抗滑作用较小，二是避免桩体位移过大。

7.4.4.4 部分工程在涵洞施工前进行涵洞两侧路基的填筑，涵洞基坑两侧荷载过大导致基坑滑塌，复合地基严重受损。为降低基坑支护难度和费用，建议根据基坑稳定分析确定涵洞基坑回填前两侧路堤不能填筑的范围。

7.4.5.1 桩顶施工高程高于设计高程时，对涵洞基坑开挖影响较大，且容易导致断桩或倾斜，因此建议直接送桩至设计高程。

7.4.5.2 挖掘机直接开挖桩后方的土体极易碰撞桩体，导致其桩体断裂或倾斜，因此不允许开挖桩后土体。

7.5 挡土墙路段

7.5.1 软基上通常采用对地基承载力要求低的挡土墙。软基上常用的轻型挡土墙有 L 形挡土墙、扶壁挡土墙，有时也采用加筋挡土墙、轻质土挡土墙等。加筋挡土墙面板采用石笼时对沉降、不均匀沉降适应性强，可以用于排水固结路段。轻质土挡土墙是路肩附近采用倒梯形轻质土的直立式路堤，需要预压至沉降小于100 mm后再在路肩附近反开挖施工轻质土路堤。

7.5.2.4 挡土墙采用复合地基、墙后路堤采用排水固结时，复合地基桩体承受较大的水平力，极易受弯断裂。复合地基桩体不断裂时，也易导致挡土墙位移和倾斜、墙后路堤开裂。因此，挡土墙采用复合地基时，建议墙后路堤也采用复合地基处理。

7.5.2.6 路基采用排水固结、挡土墙采用桩体横向不搭接的复合地基时，复合地基桩体承受较大的水平力，桩体极易受弯断裂。复合地基桩体受弯断裂时的抗滑能力较低且难以确定，因此偏保守地不考虑其抗滑作用。当复合地基采用墙式或格栅状布置时，其破坏模式接近剪切破坏，可按抗剪破坏考虑其抗滑作用。

7.5.2.8 由图 32 可知，刚性基础下复合地基桩先刺入破坏时，桩对滑动面内的桩间土产生向下的摩擦力 q_{sk}，导致桩间土极限承载力降低 $\pi d z_e q_{sk}/(A_u - A_p)$；桩间土先破坏时，滑动面内的桩间土对桩产生向下的摩擦力 q_{sk}，导致桩极限承载力降低 $\pi d z_e q_{sk}$。当滑动面内桩土沉降相同时，也会导致桩极限承载力降低 $\pi d z_e q_{sk}$。因此，不论桩先破坏还是桩间土先破坏，还是滑动面内桩土沉降相同，均会导致复合地基极限承载力降低 $\pi d z_e q_{sk}/A_u$。因此按正文的式(91)计算复合地基承载力不涉及桩间土承载力折减系数。

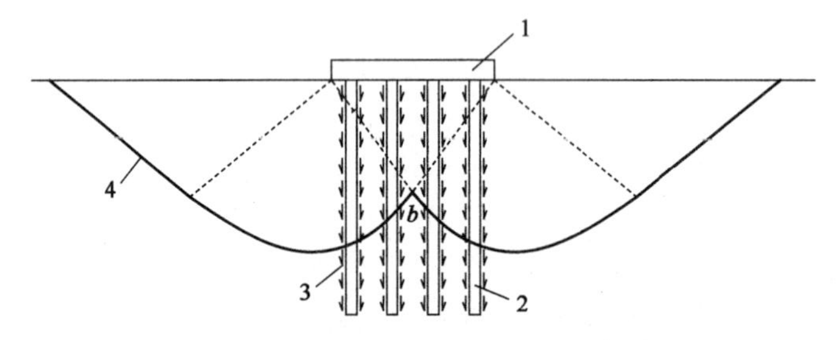

图 32 刚性桩复合地基承载极限状态时滑动面

1-刚性基础；2-刚性桩；3-摩擦力；4-滑动面

虽然土塑性力学对软土内摩擦角取零，并在此基础上推导了其承载力公式，但是6.2.9.3条文说明以理论和试验资料证实了滑动面倾角取决于有效内摩擦角，因此正文的式(93)采用有效内摩擦角。

7.5.3.3　墙后路基采用挤土型桩复合地基时，如果先施工挡土墙后复合地基，会对挡土墙产生严重的挤土效应。某工程挡土墙施工后再施工墙后沉管灌注桩，导致挡土墙位移和倾斜严重。因此，墙后路基采用挤土型桩复合地基时，要求所有复合地基桩施工后再施工挡土墙。

7.6　收费岛路段

7.6.2.1　收费岛路段路基宽度较大，路堤荷载影响深度较大，下卧软土层或软塑土层仍可能产生明显沉降，因此不建议软基处理深度下面仍存在软土层或软塑土层。

7.6.2.3　工程实践表明，搅拌桩复合地基处理深厚软基，仍可能出现较大的工后沉降。与排水固结联合应用可以有效减少工后沉降。

7.6.2.4　刚性桩顶面以下填土厚度较大时，桩间土沉降较大。与排水固结联合应用可以在施工期完成大部分沉降，从而减少工后沉降。

加芯搅拌桩方案可利用大直径搅拌桩或钉形搅拌桩将桩间土荷载快速转移到刚性桩，从而减少桩间土沉降。

7.8　低路堤路段

7.8.1　一方面，由于低路堤荷载小，往往只需要排水固结或对表层软土进行换填、就地固化。另一方面，低路堤部分路床位于地表面以下，该部分路床需要进行换填粗粒料或就地固化处治。

广东软土地区地下水位高，粉质土、黏质土毛细水上升高度大(表7)。为减少毛细水对路床的影响，当路床全部或部分采用粉质土、黏质土时，需要在常水位以上设置隔渗层。隔渗层通常采用中粗砂或碎石、复合排石板或两布一膜等。

表7　毛细水上升高度

土质类别	砾类土、砂类土	粉质土	黏质土
毛细水上升高度 m	0.4～1.1	3.0～4.0	2.0～3.0

路床处治、隔渗不但可能与软基处理在空间上重叠，而且有可能共用处理措施，因此，软基处理往往需要与路床处治、隔渗统筹考虑和设计。

7.8.2.5.1　低路堤采用刚性桩＋桩帽方案时，除非通过下挖降低桩帽高程，极易出现蘑菇路现象，因此不推荐采用刚性桩＋桩帽的软基处理方案。

7.9　浸水路段

7.9.2.2　由于广东海岸线长、水塘遍布、河网密布，公路建设经常遇到浸水路基。如果采用围堰排水或干塘后在常水位以下进行软基处理，需要较厚的工作垫层或换填(固化)厚度，且雨季施工时易积水。因此，广东公路软基路堤对排水固结、柔性桩复合地基的常用做法是先填筑工作垫层至水面以上，然后进行软基处理。对刚性桩复合地基，由于桩顶面以下填土厚度大、刚性桩桩间距大，导致地基沉降大。另外，对刚性桩复合地基，水面以上填土厚度小于3 m时，还容易形成蘑菇路。因此，浸水路堤推荐采用排水固结、柔性桩复合地基或者两者联合应用。

7.9.2.3　工程实践表明，为避免蘑菇路，桩帽顶面与路床顶面之间的高差宜大于2 m。

在地表水和毛细水作用下，黏性土含水率增大，压缩模量和抗剪强度降低，不利于土拱效应。因此，为保证土拱效应，当桩帽顶面低于常水位时，桩帽顶面与常水位之间宜采用粗粒土填筑。

当桩帽以下填土厚度大时，通常采取以下两类措施之一，以避免工后沉降超标：

a) 加速桩间土沉降完成：先在不小于桩间土压力的荷载下排水固结预压，再反开挖施工刚性桩。为了缩短工期，也可同时施工刚性桩和竖向排水体，然后填土预压。

b) 减少总沉降：通过就地固化等方法形成刚性桩工作面，减少桩帽以下填土厚度；刚性桩之间设置柔性桩，或者大直径柔性桩、钉形搅拌桩中插设长的刚性桩。

7.11 既有建(构)筑物附近路段

7.11.2.1 城镇路段多是在既有道路基础上进行改扩建，多属于低路堤，路基填土高度很小，沉降量小。道路范围存在较多地下管线，道路两侧存在大量房屋，应尽量缩短施工时间，因此建议采用施工快捷的软基处理方法。

7.11.2.2 既有房屋、桥梁、电力线路杆塔及其拉线，对附近路基的沉降、位移等较敏感，管桩、沉管灌注桩、高压旋喷桩等挤土性桩施工曾导致附近桩基倾斜，真空联合堆载预压路堤、高度较大的排水固结路堤会导致附近地面下沉。

7.11.2.3 《电力设施保护条例实施细则》(2011 年)规定 35 kV 及以下电力线路杆塔及其拉线周围 5 m 的区域、66 kV 及以上电力线路杆塔及其拉线周围 10 m 的区域不得进行取土、打桩、钻探、开挖等活动。在此范围内可用的软基处理方法有钻孔桩、搅拌桩、就地固化等，有时尚需要配合轻质土路堤。

7.11.2.4 根据《电力设施保护条例》(2011 年)，为保证架空电力线路安全运行和保障正常供电，架空电力线路保护区边界与导线边线的水平距离见表 8，在厂矿、城镇、集镇、村庄等人口密集地区可适当减小，但不得小于导线边线最大风偏与风偏后距建筑物的水平安全距离之和。《电力设施保护条例实施细则》(2011 年)在计算导线最大风偏情况下，架空电力线路保护区边界与导线边线的水平距离见表 9。在架空电力线路保护区内不得兴建建筑物、构筑物，不得种植可能危及电力设施的植物。需经县级以上电力管理部门批准并采取安全措施后方可：在架空电力线路保护区内进行农电水利基本建设工程及打桩、钻探、开挖等作业，起重机械的任何部位进入架空电力线路保护区进行施工。

表 8 架空电力线路保护区边界与导线边线的水平距离

电压等级 kV	1～10	35～110	154～330	400～500	660～750	800～1000	1100
区边界与边线的水平距离 m	5	10	15	20	25*	30*	40*
注：带* 为《电力设施保护条例》2019 年征求意见稿内容。							

表 9 架空电力线路保护区边界与最大风偏时导线边线的水平距离

电压等 kV	<1	1～10	35	66～110	154～220	330	500
区边界与边线的水平距离 m	1.0	1.5	3.0	4.0	5.0	6.0	8.5

按照 JGJ46—2012《施工现场临时用电安全技术规范》，起重机与架空线路边线的最小安全距离见表 10，在建工程(含脚手架)的周边与外电加固线路的最小安全操作距离见表 11。表 10、表 11 是风偏或弧垂后导线与施工设备的距离。

为保证公路顺利建设，软基处理范围与架空线边线的水平距离不满足表 8 的要求时，建议作为限高范围，采用天然地基、直接预压、垫层预压、渗沟预压、换填、就地固化、旋喷桩、注浆桩、钻孔灌注桩、接杆搅拌桩、接杆袋装砂井、填筑轻质材料等施工设备高度较小的软基处理方法；软基处理范围与架空线边线的水平距离不满足表10的要求时，必须采用施工设备高度较小的软基处理方法。高度较小的施工设备与高压线的垂直距离应满足表10的要求，设备上部有施工人员时还应满足表11的要求。

表10 起重机与架空线路边线的最小安全距离

外电线路电压等级 kV	<1	10	35	110	220	330	500
垂直方向最小安全距离 m	1.5	3.0	4.0	5.0	6.0	7.0	8.0
水平方向最小安全距离 m	1.5	2.0	3.5	4.0	6.0	7.0	8.0

表11 建工程(含脚手架)的周边与外电架空线路的最小安全操作距离

外电线路电压等 kV	<1	1～10	35～110	220	330～500
最小安全操作距离 m	4	6	8	10	15

根据工程经验，旋喷桩适用高度为2 m，注浆桩适用高度为3 m，天然地基、直接预压、垫层预压、渗沟预压、换填、就地固化、钻孔灌注桩的适用高度为4 m、接杆搅拌桩适用高度为7 m，接杆袋装砂井适用高度为7 m。

7.12 滑塌路段

7.12.2.1 滑塌路堤的滑塌隆起区域往往被迫征用，可以考虑采用反压方法或兼用反压的综合处理方法。

7.13 工后沉降偏大路段

7.13.2.3 由于桩间软土主固结沉降、次固结沉降等，桩间土沉降总是大于刚性桩沉降；加之刚度差异，既有路堤增设刚性桩时极易对路面产生冲顶效应。为避免刚性桩对路面结构的冲顶，通常采取以下措施之一：

a) 引孔中利用微膨胀混凝土浇筑至路床底面以下0.5 m处，将EPS颗粒与中粗砂装入直径稍小于引孔直径的塑料袋中，将塑料袋放入引孔内，然后继续浇注微膨胀混凝土至路床底面。

b) 在刚性桩桩顶设置钢筋混凝土板，并按承担全部板上荷载的连续板进行配筋。

c) 通过采用在地基硬壳层或路堤底部设置支盘的支盘桩、在路堤引孔中回填散体材料等措施确保支盘顶面与路床顶面之间的填土厚度大于支盘净间距的2倍。采用小直径桩时，基于压缩深度理论，桩顶与路床顶面之间的填土厚度大于3倍桩直径时，冲顶效应也较小。

d) 合理选择路堤中刚性桩长度和直径、地基中刚性桩竖向极限承载力，使地基中刚性桩上的荷载大于地基中刚性桩竖向极限承载力，使桩底端发生刺入破坏，从而达到桩土同步沉降的目的。与此同时，路床范围内引孔中填筑不少于0.5 m厚的散体材料。

7.13.3.1 DCG工法是Deng Chemical Grouting工法(灌浆岛邓敬森化学灌浆法)的简称，常用于工后沉降超标路段路面抬升。在路面以下3 m～6 m范围化学注浆，包括帷幕注浆、胶结注浆和挤密注浆，利用挤密注浆的隆起效应抬升路面，各车道利用钢丝控制平整度和高程。可加固松散填土、同步抬升路面和护栏。最大抬升量约30cm。对软土导致工后沉降超标路段不能根治，应与路面加铺进行比选。

挤扩支盘桩具有以下优点：可以在路堤中或硬壳层中形成支盘代替桩帽，利于形成土拱，减少对路面的冲顶效应；单桩承载力大，可以有效减少路基沉降；挤土效应小，减少对桥梁等既有建（构）筑物的不利影响。因此挤扩支盘桩在既有路基加固、加高路基等方面具有优势。

7.13.3.2　试验表明，花管注浆时，在黏性土中劈裂注浆往往形成脉状、片状浆体（图33），难以形成竖向连续的桩体，注浆量较大时可能造成地面隆起、开裂、位移严重。因此，建议通过加大钻孔直径，并对持力层、路堤土进行劈裂注浆形成花管注浆桩，持力层劈裂注浆可以提高桩承载力，路堤土劈裂注浆可将路堤荷载尽量向桩身转移，从而利用桩体竖向承载力高的优点减少路堤沉降。

图33　劈裂注浆形成的脉状浆体

7.14　开裂路段

7.14.2.3　为减少对运营公路的影响，软基处理通常采用地质钻机施工的袖阀管注浆桩、钢花管注浆桩等。袖阀管注浆桩、钢花管注浆桩、管桩、素混凝土桩通常利用桩与路堤的摩擦力承担路堤荷载，有时在桩顶设置筏板，筏板上设置路面。支盘桩上部的支盘可以用作桩帽，因此可采用较大桩间距。对于管桩、素混凝土桩、搅拌桩，引孔直径较大，通常采用长螺旋钻机、旋挖钻机、大直径取芯钻机等引孔。

7.14.2.5　路堤在两侧地基中产生附加应力，该附加应力导致两侧地基产生沉降和位移。两侧地基未设置竖向排水体时，两侧地基的沉降和位移需要几十年完成。在反压护道下设置竖向排水体时，路堤在两侧地基产生的沉降和位移快速发生，导致路堤位移和沉降快速增大，甚至可能导致路堤开裂。反压护道荷载产生的沉降会进一步带动路堤下沉和开裂。

7.14.4.7　引孔施工预制桩时，软土因施工扰动而强度下降，导致路堤稳定性降低，因此要求跳桩施工，并要求尽快回填引孔，以使路堤荷载尽早通过引孔回填料转移到预制桩。

7.15　泥炭土地基路段

7.15.1.4　工程实践表明，泥炭土地基中施工碎石桩、素混凝土桩时，往往扩孔严重、充盈系数过大，因此推荐采用预制桩、模袋混凝土桩。

8　软基路堤监控

8.1　一般规定

8.1.5　当软土地基路堤附近存在房屋、管线、地铁、桥涵等建（构）筑物时，软基处理、路堤填筑、涵洞或换填基坑等可能导致上述建（构）筑物产生沉降、不均匀沉降、水平位移等，并可能导致上述建（构）筑物破坏或影响其使用功能，需对受影响的建（构）筑物进行监控。JGJ 8《建筑变形测量规范》、GB 50497《建筑基坑工程监测技术规范》等对建（构）筑物监控有相应的规定，因此本工程对软土地基路堤附近的建（构）筑物监控未作规定。

8.2 施工期监控

8.2.2.1 由于路堤断面多为梯形，因此天然地基路堤极限填土高度需要采用路基设计断面、天然地基抗剪强度指标通过稳定分析确定。

8.2.2.2 综合考虑下列因素，要求监测计算沉降大于3倍容许工后沉降的排水固结法路段。

a) 多条高速公路的监控经验表明，路堤填筑速率受路堤稳定性(施工监控)制约时，路堤填筑施工期间完成的沉降与总沉降的比值通常大于2/3；路堤填筑速率不受路堤稳定性(施工监控)制约时，路堤填筑施工期间完成的沉降与总沉降之间的比值往往小于2/3。因此，当计算沉降大于3倍容许工后沉降、路堤稳定性较好时，路堤快速填筑后直接施工上部结构极可能出现工后沉降超过容许工后沉降的情况。因此，对这种情况规定进行监控，以预测工后沉降、指导上部结构施工时间。

b) 由于以下原因，计算沉降可靠度不高，需要通过监测进行路堤沉降预测：

   1) 地质勘察难以全面准确地揭示各路段的地层情况，也难以准确给出反映真实状态的计算指标；

   2) 路堤实际荷载往往与计算取值不一致。

8.2.9.2 工程实践中常用的路堤稳定性报警值为：沉降速率10 mm/d，位移速率5 mm/d。但是不少路堤沉降速率或位移速率大于上述报警值时仍稳定，部分路堤沉降速率或位移速率小于上述报警值时却失稳。除了未区分软基处理方法外，未考虑加载速率、软土性质和厚度、路堤宽度等因素的影响也是导致这种现象的重要原因。在研究了大量公路软土地基路堤监控资料及多个滑塌工程的基础上，以工程经验为主，推荐了沉降速率报警值、水平位移速率报警值。

8.2.9.4 软土地基失稳的实质和表现形式是沉降和位移过大。胶结桩刺入破坏、受弯断裂、倾斜等破坏导致的路堤失稳均最终表现为桩间土失稳，因此胶结桩复合地基路堤失稳时桩间沉降和位移应接近天然地基在极限荷载下产生的沉降和位移，因此，建议将桩间沉降作为路堤监控稳定评估指标，将天然地基滑塌前的沉降作为桩间沉降的稳定报警值。理论和多项工程实例证实水平位移导致的胶结桩复合地基路堤滑塌前的沉降为软土厚度的1.5%～2.0%。由于实际沉降中包含部分固结沉降，该标准稍偏保守。

8.2.9.5 坡脚附近的桩开裂甚至断裂虽然不代表路堤滑塌，但是说明复合地基水平位移较大，可以作为路堤稳定性的预警。

8.2.10.4.1 离心试验表明，路堤濒临滑塌时刚性桩往往由于桩底刺入破坏、桩身倾斜或弯断等原因导致桩顶压力减小、桩间土压力增大，因此可通过桩土压力变化评估路堤稳定性。大量刚性桩复合地基路堤实测结果表明，预压阶段由于桩间土沉降等原因，桩顶荷载、桩土应力比可能会出现一定程度的下降，但是下降幅度不大。这是正常现象，不能以此现象评估路堤稳定性。

数值分析表明，水泥土桩、刚性桩滑塌前路堤荷载-沉降曲线出现陡降现象，工程实例也证实了该现象，因此可以利用路堤荷载-沉降曲线是否出现拐点判读路堤稳定性。